学苑出版社

读者联系卡

尊敬的读者：

非常感谢您购买和阅读我社图书。我社成立21年来，已出版了3000多种图书。其中中国传统医药学、文史古籍、民俗和地方文化等类图书，广受学界和亿万读者青睐。为使您了解更多的我社图书信息，对我社图书提出宝贵的意见和建议，并方便我们彼此之间更加顺畅的联系，我们随书附上本卡，请您在方便时填写并寄回到我社读者服务部。我们会对您提出的问题、建议和购书需要及时给予答复，并免费为您寄上书目一份。从我社收到您的联系卡一刻起，您就成为我社的读者俱乐部会员了。如果您邮寄联系卡不方便，也可登陆我社网站，点击“读者俱乐部”栏目填写“读者会员表”，同样会马上成为我社的读者俱乐部会员。

我社地址：北京市丰台区南方庄2号院1号楼学苑出版社
我社邮编：100079
我社网址：www.book001.com
联系电话：010－67601101　　010－67674055
联系人：魏荣
读者服务部邮箱(E-mail)：xueyuanyg@sina.com

请您填写以下内容并将此卡寄回我社读者服务部收

姓名：　　　　职业：

电话/传真：

通讯地址(邮编)：

E-mail：

所购书名：

希望、努力与机会

郑祖康 著

學苑出版社

图书在版编目(CIP)数据

希望、努力与机会 / 郑祖康著．--北京:学苑出版社，2011.1

ISBN 978-7-5077-3712-7

Ⅰ．①希… Ⅱ．①郑… Ⅲ．①郑祖康-回忆录
Ⅳ．①K826.11

中国版本图书馆 CIP 数据核字(2010)第 254908 号

责任编辑：许　力
封面设计：艾博堂
出版发行：学苑出版社
社　　址：北京市丰台区南方庄2号院1号楼
邮政编码：100079
网　　址：www.book001.com
电子信箱：xueyuan@public.bta.net.cn
销售电话：010-67675512、67678944、67601101(邮购)
经　　销：新华书店
印 刷 厂：保定市彩虹艺雅印刷有限公司
开本尺寸：880×1230　1/32
印　　张：6
字　　数：100千字
版　　次：2011年1月第1版
印　　次：2011年1月第1次印刷
定　　价：18.00元

目　录

自序

80 后、90 后走上了社会舞台，备受各界人士的关注。而 40 后、50 后则默默无闻地退出了这个舞台。我是 1947 年出生的，那时也没有 40 后、50 后的说法。我懂事的时候，抗日战争、解放战争早已过去，我没有遭受过战争的苦难，这一点比我们的前辈幸运多了。可我们也经历了一个特殊的年代。“三反”“五反”时少不更事，“反右”时已能感觉到大人们紧张兮兮的神色，“大跃进”年代跟着老师和校工师傅在食堂后面的空地上支起简易炉子烧铁炼钢。记得最后炼出来的那块“钢锭”因为成分太杂，让上级领导回赠给小学留作纪念。接着是反对右倾机会主义，批彭德怀。懵懵懂懂听过学校的拉线广播，只知道上面出了大事情。“自然灾害”则是我亲身体验到的：粮食不够吃，正值长身体的时候，家里也得大体上实行“配给制”，做馒头时也是一人一份。过年过节我跟父亲去副食品自由市场，9—10 元钱一斤的猪肉、5 角钱一个鸡蛋是惊人的天价，因为按当时凭券供应的国家牌价一斤猪肉才 7 角 8 分，一个鸡蛋不过 6—7 分钱。现在当然算不了什么。去逛副食品自由市场的人是看客多买客少，印象中买客大多是犹犹豫豫的，似乎不太情愿，成交也不多。生活在大上海，虽然粮票、油票、肉票、鱼票、糖票、布票、鸡蛋票、香烟票、糕点票……不胜枚举，名目繁多让人心烦，但要比农村的情况好得多。当时也不知道农村饿死了那么多人，真有点“生在福中不知福”！“自然灾害”的局面有所好转后，全国各地又先后开始“四清”，也叫做“社会主义教育运动”。农村和工矿企业都要搞“社会主义教育运动”，运动的矛头好像是针对那些不合格的基层干部的。上级领导向下派出“工作组”，“工作组”要求基层干部交代问题，包括自己所犯的错误或罪行，然后组织群众批判。得到领导批准和群众谅解的基层干部才能“过关”“下楼”。紧接着的政治运动是批判《海瑞罢官》，一场浩浩荡荡的“无产阶级文化大革命”开始了。那年我 19 岁，正好高中毕业，66 届高中也是“老三届”的“头”。现在听来似乎已经很遥远了。1968 年上山下乡我去了崇明岛务农。1972 年底又“上调”到第三航务工程局当钢筋工、机修工等。1976 年华国锋、叶剑英等中央领导同志粉碎了“四人帮”，结束了“无产阶级文化大革命”。1977 年邓小平重新走上领导岗位，领导中国人民改革开放，我已到了“而立”之年。这本书写的正是我 30 岁以前的人生道路，从一个普通人的成长，折射社会的变化。我用《希望、努力与机会》作为书名，因为希望、努力与机会是年轻人成功的要素。我写这本书的目的有两个：

一是献给我们同时代的人，特别是“老三届”的人，让我们回忆一下我们的青少年时代，我们有太多共同的感受。偶尔遇到当年上山下乡的知青，不管以前认不认识，也不管是不是来自同一个地方，总感到很亲切，感到有话要说。白居易说“同是天涯沦落人，相逢何必曾相识”，我们虽说不上沦落天涯，但毕竟有着差不多的人生经历。“上调”那年我25岁，已经超过了正常年头大学毕业的年龄了。这意味着我们这一代人在“适龄”时丧失了接受系统教育的机会，与大学校园的青春生活永远无缘了。“上调”时除了一副铺盖、一身尚可“出客”的衣裳和十几块人民币之外，几乎一无所有，可算得上是真正的无产阶级了。缺乏知识，缺乏技能，也没有钱财，只能在社会底层生活，便是自然和合理的结果。后来我在复旦大学执教，看到大学生充满了活力和青春气息，对他们表现出来的欢乐与奋进，总是羡慕不已。自己已永远无法融入这一幕中。有时我想，等退休之后，能不能再来考复旦大学呢？做一次复旦大学的本科生也是过把瘾，又怕考不取。堂堂的复旦大学副校长连复旦本科也考不取，岂非笑话！我曾注意到这几年参加高考者最大的年龄是59岁，不过成绩都差得很，与复旦的录取线差了一大截。一方面近年来高考卷子的路子已与当年的路子全然不同了，再加上老头子应变能力差，考不取便完全可能了。于是又想到了“高复班”——且当我胡思乱想吧！总之青春已逝，往事不可追回。著名沪剧演员丁是娥在沪剧《罗汉钱》中扮演的小飞蛾，不顾封建势力的阻碍，毅然成全了女儿张艾艾和与之相爱的李小晚的婚事，却又回想起20年前自己与保安相爱但被父母逼嫁给张木匠的辛酸往事，愤然疾呼要“返老还童重新做人”！逝者如斯，当然没有可能了。我们这代人当上了父母，自己节衣缩食，严厉要求子女读大学，甚至读硕士、博士，真算得上“可怜天下父母心”，可潜意识却在圆我们自己的青春梦！“无产阶级文化大革命”后的高考，在一定程度上是对我们这一代的一种安抚，而客观上又将我们的前程进一步的分流。改革开放后，我们又经历了转业下岗、培训就业、下海创业、读书出国等不同遭遇，扶老携幼、磕磕碰碰走到今天。我们中大部分人已经到了退休年龄了，我们似乎也有责任让我们的后代知道我们曾经拥有的青春。我们应当向自己的子女讲述自己的过去，而不是一味责怪他们连什么是“无产阶级文化大革命”也搞不清。这场浩劫毕竟远离我们四十多年了。试问我们这些40后、50后：什么是“义和团”，什么是“八国联军”，我们能回答清楚吗？1900年发生的事恐怕只能从历史教科书或电视电影里晓得一些皮毛，确切的什么都答不上。我们或许会埋怨前辈们为什么不多留下一些文字，让我们晚辈多知道一些真实的故事。如果这样想，我们是不是也应该留下一些什么，好让后来者从一个经历者的身上看到什么，领悟到什么呢？而这本书正是从一个普通人的角度叙述生活在这段历史时期的普通人的青春。

我写这本书的第二个目的是希望现在的年轻人能从我们这一代身上借鉴到一些什么，正面的也好，反面的也好，总之期盼他们能悟到一些什么。上山下乡运动至今已三四十年了，许多地方开办了知青展览馆、上山下乡运动纪念馆等，让知青回顾、反思自己的经历。一些知青还带着自己的子女一起去参观。我想知青们绝不会希望这段历史在自己的子女身上重演，而只希望自己的子女能继承和发扬父辈独立奋斗的精神。应该说他们这一代比我们幸福得多，父母们把太多的爱倾注在他们身上，也把太多的期望寄托在他们身上，甚至恨不得要在儿女身上“体现”和“夺回”自己的青春。新一代成长的环境相对是优越的，没有经历连续的以阶级斗争为主题的政治运动，拥有比我们这一代丰富得多的物质条件和较为完善的教育体系等。但是他们身上似乎又缺少了一些什么东西。他们将要负起建设祖国、富强祖国的大任，他们是祖国的未来。换个角度讲，年轻的一代活得并不比我们那时轻松：他们面临着诸多来自社会和家庭的压力，面临着市场经济严酷的筛选，面临着改革开放的一阵又一阵的波峰浪尖。作为父母的我们，是不是应该给他们多一些理解，多一点谅解，多一分宽容呢？

对青年人而言，希望、努力和机会是最重要不过的了，可以说是青年人成功的三大要素。法国的“二战”英雄夏尔·戴高乐将军写过一本书，书名是《希望与努力》，似乎把机会忽视了。希望是原始的动力。在普契尼的歌剧中，图兰朵公主第一个谜语就是一个生动的描写：“暗夜中，多彩的幻影在飘荡，人心都随它飞翔，在白天隐藏，在黑夜闪亮。”谜底就是希望。努力自不必说，没有锲而不舍的努力，任何成功都不会有。每个青年人生活在不同的时代、不同的地方，处在不同地位的人群之中，他们不会有相同的机会。希望他们不要羡慕别人的机会，不要追逐那些本不属于自己的机会而错失自己的良机。唐朝的刘禹锡有诗云：“马思边草鬈毣动，雕盼青云睡眼开。”对机会的期盼是何等殷切。

刘欢唱的一首歌曲中有这样一句歌词：“心若在，梦就在。”祝愿每个年轻人都有一个好心，一个好梦，一个美好的理想；并为之奋发努力，把握机会，争取成功。

2010 年 6 月

第一章　欢乐童年

壹

寒风凛冽，白幡滚滚，唢呐声悲。伴随着哭声，一支长达半里多路的出殡队伍从拱宸桥出发。逝者是当地的“大亨”——砂眉老头，也就是我的曾祖父郑长林。

据说郑氏家族有三大分支，祖上属福建一支，因做官迁往浙江。先在绍兴，后又到杭州。当时的拱宸桥地区是杭州重要的商业中心，运河的终点。拱宸桥始建于 1631 年，1888 年清光绪时重建，现在修建的拱宸桥又现初建时的古朴风貌。这座今天依然是“杭州第一”的石拱桥，是京杭大运河杭州终点的标志。街区的历史则可追溯到南宋时期，及至清代中晚期这里一直是京杭大运河边最热闹的地方，餐饮、演艺、百货业十分繁荣。19 世纪末期，从上海苏州河北岸的天后宫（近河南路）到拱宸桥间的水路是沪杭间交通的主脉，后来拱宸桥地区成了日本人的租借区。不料英国人棋高一招，从上海筑沪杭铁路到杭州城站，撇开了拱宸桥，于是拱宸桥便逐渐没落了。曾祖父排行老二，三兄弟中只有他一支发达了。他是清末拱宸桥一带的工商地主，开了一家酒楼，外号砂眉老头，与青、洪帮及当地的三教九流都有广泛的关系。张啸林发迹前是他的干儿子。据说当年杜月笙进祠堂时，请来了一个干瘪老头，坐在上座。张啸林一到，左右起座与之招呼，干瘪老头却无动于衷，拿了一根旱烟杆，慢条斯理地说："啸林呀，点烟。"张啸林竟哈腰上前点烟，以示不忘故主，满座惊讶不已。此人就是郑长林。曾祖父另一位义子是著名武生盖叫天，盖叫天与我祖父兄弟相称，在"文化大革命"中被带上地主的帽子，遭游斗迫害而死。后来专案组几次来我家找祖母问话，才初步确定他家地产、房产都是曾祖父、祖父所赠。祖母是裹小脚的老式妇女，对公公与丈夫的事只是略知一二，又不懂普通话，眼睛也不好，一口宁波话，于是我就在一旁给她当翻译，也知道了以前从未听家人说起的事情。

我没有见过曾祖父，只是从一张大油画像中认识他的。在我幼年的记忆中，这张油画一直被供奉着。每逢过年、中秋、重阳等节日，长辈们会在画前的红木八仙桌供上鱼肉水果，放好几副碗筷。大人们说，来吃饭的除了男阿太以外，还有好几个女阿太。我会问，怎么没有来呢？为什么有几个女阿太呢？等等。大人们先是不理我，后来说："姜太公在此，百无禁忌，孩儿说话，当他放屁。"于是我知道不能再问了。至于这几句话是什么意思，是后来才懂的。与此有关的是家里一个外貌如古代亭阁、又有点像官府衙门的半人高的扁平柜子，做得很考究。大人不许我们孩子碰。后来才知道这是放祖宗牌位的。郑长林的牌位也在里面，"文革"中被毁掉了。

曾祖父的坟在杭州灵隐寺后面的上天竹一带，我小时候随长辈去过，记得坟很大，说是风水先生圈定的。还认了一家坟亲，坟地的四季除草整理就由坟亲照料。据说后来坟亲家被定了富农，儿子又犯了什么事变成了坏分子，自然是自顾不暇了。"文革”后，坟也找不到了。

祖父郑永泉毕业于杭州的之江大学，之江大学是美国人办的一所教会学校。祖父是独生儿子，少年时就因看不惯曾祖父的封建一套和他三教九流的朋友，愤然出走。后来被人找到领回家里，在曾祖父的压力和曾祖父那些朋友的说合下，被迫磕头认错。作为交换条件，曾祖父同意让他就读之江大学。曾祖父为了能控制儿子，又想了一招——给他早日成亲，以拴其心。祖父没有反对，只要求先得让他看一看，他点头了才能算。媒人来了几次，都没有成功。一次曾祖父的一位朋友带着女儿来访，这位朋友是宁波一家经营小货轮船运公司的老板，女儿严瑞兰生得灵巧文雅，白皙如玉，尚未许配人家。曾祖父一见大喜，急忙叫祖父出来相见，祖父、祖母竟一见钟情。

祖父是一个腼腆的人，加上年幼，婚后三日夫妻尚无语相对，晚上同床各睡一边（这是祖母告诉我的），互不干扰。曾祖父问起儿媳妇的情况，祖父只说很好。但不久便很亲热了，一连生了三个女儿（其中一个夭亡）。曾祖父却又着急起来，怕养不出孙子。正逢族长前来续家谱，录男不录女，曾祖父很是紧张，请客送礼巴结族长。正巧祖母怀孕，曾祖父硬说此胎是男，要求族长先把孙子的名字写上“鹏飞”。一方面又威吓祖父母：如果还是女孩，一定要给祖父取妾。弄得小夫妻也是紧张兮兮的。所幸此胎确是男身——他就是我的父亲。

祖父之江大学毕业后就独自离家来上海闯荡。最初自产雪花膏，叫小摊贩帮他推销。后来一直与美国人合做烟草的生意。祖父秉性耿直，办事执著，与美国人合伙做生意就没少争吵过。有一次与美国合伙人吵翻了，一直闹到美国总部，无奈生意时间已过，美国总裁后悔没听祖父之言，说造成 blunder（大错）。这是我上世纪 80 年代初在美国听二姑夫说的。太平洋战争爆发后，日美交战，祖父的事业受到极大的损失，钱财殆尽。他 49 岁那年生了一场大病，身体大不如前，1955 年病故，享年 60 岁。

外祖父家也是做生意的。到了外祖父手里，因上海经济发展，做起黄金、股票的买卖。生了一个儿子以后便接连生了十个女儿，尽管小名取了“多妹”、“全妹”也不得止，最后才生了我的小舅舅而告终。在这些女孩中，母亲罗蓉龄只有一个姐姐，其余都是妹妹了。外祖父以为女儿不必有太多学问，不让女儿们上大学。大姨妈性情老实懦弱，母亲便成了这群女孩子的头领。高中毕业后瞒着父母考大学，被上海圣约翰大学英文系录取，于是带着这批妹妹们与父亲斗争。最后外公作了让步，同意母亲在上海圣约翰大学读书，又给大姨妈买了钢琴，并拿出一大笔钱给她补为教育费用。后来母亲的妹妹们都获得读大学的机会，个个都成了大学生，这在 40 年代的中国还是不容易的。母亲入圣约翰大学一年以后，日本侵略军在上海打仗，母亲从家里到圣约翰大学要经过日本人的封锁线。外公大为担心，逼令母亲转学到另一所教会学校——东吴大学，改攻经济。大学毕业后与同班一位同学相爱结婚，第二年生下了第一个孩子——那就是我。

贰

幼年的回忆之一就是唱戏了。祖父、父亲和叔叔们是京剧迷。祖父是颇有点名气的票友，跟盖叫天先生学武生。父亲小的时候也练武生，后来喜欢听杨宝森先生的戏，做起杨派老生来了。祖母与几位姑妈则是越剧迷，用现在的语言就是绍兴戏追星族或粉丝，特别喜欢戚雅仙和毕春芳。当时戚、毕的演出在金都大戏院（后来的瑞金剧场），离家较近。每本戏她们都要看好几遍，散戏后和一群粉丝跑到后台看明星们卸装，甚至通过熟人，抱着我到后台看戚、毕的演出。有一次看戚、毕的《梁山伯与祝英台》，演出结束后，大姑妈抱着我走进了后台的化妆室。一边看戚、毕卸装，一边与她们聊天。《白蛇传》一剧我就看了七八遍，不仅人物故事一清二楚，而且咿咿呀呀已能断断续续地哼一些唱段了。当然，台词的意思是不知道的。这本戏我最喜欢的是水漫金山的一场，凶狠的法海和尚，还有热闹的虾兵蟹将，真有点目不暇接了。

我第一次被推上舞台是在幼儿园读小班时的一次师生、家长联欢会上，会场是淮海路、思南路口的党校大礼堂。我一身古装女子的打扮，粉黛有加，唱什么现在已记不得了。只记得父亲月琴伴奏，小叔叔二胡伴奏。唱完后全场轰动，母亲拉着我的手，我们被围在后台。围着我的人都在评论着我这个“女孩”漂亮、大方和老练，母亲连连解释说是男孩都无济于事。最后是当场撒尿，以示证明，才得解围。

另一个深刻的印象便是母亲讲故事了。上幼儿园前以及上幼儿园的暑假期间，每天都要睡一两个小时的午觉。我和弟妹们闹着不肯睡。母亲为我们每个孩子买了一个泥塑的储蓄罐头，我的储蓄罐头外形是一头猪，因为我属猪。母亲说，给睡得好的孩子每人投一角钱，基本上睡着的孩子每人投五分钱，不好好睡的孩子就不投了。一个暑假下来，这些钱可以买好些连环画（小人书）或手工剪贴书，这是我们爱不释手的。但最主要的还不是为了这些，而是睡前的故事。母亲答应我们睡前讲一个故事，内容是童话、寓言和民间故事。后来又被要求为：如果故事太短，要讲两个。最初母亲只是凭自己的记忆来讲，后来她不断买各种童话书、寓言书以及各民族的民间故事书，不少书上还有插图。于是我们听完了故事还要争着看插图，还要看其他故事的插图，问来问去，于是又要求母亲再讲一个。不少故事，现在还依稀记得，大部分是讲与人为善和聪明智慧的。一只鸽子为报农夫的救命之恩，在关键时刻，用胸脯碰响了塔顶的大钟，牺牲了自己从而解除了魔鬼对农夫的致命诅咒。当然，这种善有善报的思想，离佛经中的“无相布施”尚有距离。母亲常常会说，好吧，再讲一个短一点的，不过这个短故事讲完后，一定要睡觉了。当然，讲完后我们还会吵吵闹闹，但大部分情况随即愉快入睡了。

手工剪贴是我的另一个爱好。当时的手工剪贴书做得非常考究，有完整的文字故事情节。有些书是英文的，有许多黑白插图，另配彩色的粘纸，大体上是人物、动物等。孩子把粘纸取下来，贴到黑白插图上去。当时的粘纸工艺远没有现在那么先进，要用热毛巾敷才容易取下来。我小时候怕理发，大人们笑我“懒头”，其实我怕的是理发的围单，把脖子卡得怪难受的。但却乐意带着手工剪贴书跟母亲一起去“大都会”（一家理发店的名字），母亲要烫发，除了那个电烫的铁罩子，服务员还要用许多热毛巾。于是也把热毛巾给我取粘纸，甚至来帮我取，这是我最高兴的。更复杂的是活动性的手工，不仅要剪贴，还要折叠、挖空，最后做成的是可活动的立体结构。我最喜欢的是《白雪公主与七个小矮人》。这本书中有些手工比较复杂，我不会做，得请大人帮忙。这些精美的手工，还常使我东想西想。母亲曾给我买了一本封面上画着一只彩色小猪的精美手工剪贴书，小猪穿着学生装，笑嘻嘻地拿了一本书，这本书的封面上还是那个拿着书的小猪，依稀还辨得出小猪手上的书封面也画着一只拿着书的小猪……于是我想，如此反复下去，最后看到的是小猪呢还是书呢？我迷惑不解。还有，家里有一张三面都是镜子的靠床，人爬在床上，三面镜子都照出来。右侧的镜子不仅直接照出了人像，还反射左侧镜子里的像，其中又有右侧镜子反射的反射像……如此一层一层的，最后是什么结果呢？

幼儿时，我的另一个爱好是画图。老师常表扬我的画，说我不仅画得好，而且画得很有意思。大班时，开始模仿画中古代穿铠甲的将军，最好的是正在骑马交战中的将军，越画越多，也自以为越画越像。后来却连其他的画都画不好了，我一直不知道是什么原因。遗憾的是我的儿子也重蹈覆辙：幼儿园小班时画画非常出色，中班时参加过国际儿童图画邀请赛，他代表幼儿园参赛，得了一个奖。但上大班之后，爱上了《三国演义》连环画，他专画马超，特别喜欢临摹马超夜战张飞的那一幅。不久，其他画他都画不好了。不知道这是不是遗传？

叁

和现在的孩子差不多，祖父是我的保护神。父母责骂我的时候，祖父常要出手。记得有一次，我顽皮捣蛋，母亲打了我。祖父勃然大怒，把父亲和母亲叫去狠狠地训了一顿，还说要把外公叫来。父母不得不赔了不是，还给祖父送茶才了事。祖父是我下象棋的老师，他教我下象棋时我还不识字，车马炮将士相是靠字形模样分辨的。记得棋子上“车”与“炮”的写法与现在不一样。“车”是一个繁写的“車”加上一个单人旁，“炮”字要更复杂一些。后来我自己做了父亲才意识到这可能是普遍的规律。我的儿子没识几个字的时候就会跟比他大一点的堂兄下陆军棋，堂兄也不识几个字，两个人自己玩，下一盘棋要吵上好几回。一次儿子气呼呼地跑到我跟前，说是哥哥的口长怎么能吃掉自己的团长。我告诉他陆军棋里没有口长。儿子解释说是二只口的口长，我才知道他说的是营长。祖父不是一个优秀的棋手，却是一个很好的老师。他从让双车开始，还规定每盘棋我可以有三次机会连走两步。这个规则使得我不仅不容易输棋，还会在将死的紧要关头，吃掉对方的一个棋子甚至两个棋子而反败为胜。后又改为可悔棋三次。渐渐地由让双车改为让车马炮、车炮……车、马，悔棋也不许可了。到祖父逝世前，我们已经可以下平了，有时我也有少许胜机。

陪祖父外出吃点心也是我的“特权”。祖父最喜欢的是“老半斋”的焖肉面，“沈大成”的汤包和“锦江饭店”的小点心。特别是“锦江饭店”离我家很近，花一角钱乘三轮车就到了。“锦江饭店”里面有一个玩气枪的地方。一个大玻璃橱里，几个骑士打扮的小木偶人来回走动，下面是一排眼子，气枪打在眼子上，相应的那个骑士就停下来了，真是有趣极了。

由于祖父是一家之主，我是长子长孙，祖父的溺爱造成我在家里的特殊地位。另一个原因是大家庭中叔叔姑妈多，而好久没有小孩子了，我本身也给大家带来了欢乐。记得有一次父亲给我买了一辆木制的大型玩具车，小孩可以坐到驾驶座位上脚踏链条开车。晚上，玩具车的两个大前灯射出两道白光。最起劲的却是叔叔姑妈们，他们把我放在驾驶座上，教我踏车，房里挪出一大块地方，前呼后拥，从这间房开到那间房，玩了好几个晚上才尽兴。现在想来，他们也是不到 20 岁的小青年啊！

1955 年，祖父去世对这个大家庭是致命的，从此失去了主心骨。记得祖父去世那一天，家人匆匆忙忙把我从学校里接回，又把我送到医院里祖父那间单独的病房。祖父平静地躺着，医生、护士和家人都围在边上，有人在祖父耳边大声叫唤：“阿康来了!”我也扑上前去叫了一声“阿爹!”祖父没有能睁眼，轻轻地唉了一声。没有多久大家一阵慌乱，父亲在床边呼唤着祖父，医生又说了一些什么，然后家人都跪在地上，病房里响起了哭声。我也意识到祖父已远离我们而去，但懵懵懂懂并不知道死亡是什么。祖父遗体被安放在万国殡仪馆，我也争着要守灵。祖父安详地躺着，仁慈平静的脸与平时没有什么两样。大殓那天来了许多人，我也跟在大人后面回拜还礼，俨然是一个大人。数月后，全家租了一辆大汽车，扶灵柩回故乡杭州。当时从上海到杭州的公路很不好走，清晨出发，晚上才到杭州，中间好像还要摆渡。祖父在杭州清泰门小米巷有一栋小洋房，还带了一个小花园，全家就住在那里。院子里有两棵果树，一颗是枇杷树，一颗是柿子树，结在树上的果子对我们小孩子很新鲜。这幢房子由姑婆（祖父的姐姐）和她的女儿葆龄姑妈管理。后来姑婆去世，葆龄姑妈嫁到湖南株洲去了，房子日益衰败，“文革”中就给拆除了。

祖父的坟做在杭州的南山公墓。南山在玉皇山南麓，与八卦田相邻。所谓八卦田相传是南宋皇帝耕过的地方，从玉皇山朝下看是一块八卦。祖父的墓穴当初请风水先生看过，面朝钱塘江，背靠玉皇山，就在五代的吴越王钱镠的大圆坟的边上。那时大圆坟上杂草丛生，好像没有什么人来打理，只有一块斑驳脱落的金字石碑“吴越王钱镠之墓”显示着昔日的辉煌。钱镠是一位了不起的人物，有许多传奇故事，“万箭射潮”是其中的一则。当时的钱塘江常要泛滥害民，汹涌澎湃的浪头冲垮了堤坝，淹没了农田。钱镠陈兵江岸，待钱塘江浪潮涌来时，令士兵万箭齐发，把浪潮射了回去。这当然只是一个传说，也许是为了安定老百姓的心，然后组织杭州军民筑堤建坝，发展农业，让百姓安居乐业。现在西湖边还建了一个钱王祠，纪念这位吴越王。2008 年我曾去瞻仰过，好像还没有完全修好。我还作过一首诗：

七绝·南山瞻钱镠墓

羽箭射潮始裕丰，
南山雨霁仰贤雄。
钱王山水钱王苑，
竟作官家避祸宫。

官家是南宋对皇帝的称呼。金兵南下，赵构在杭州建立了南宋，吴越王的家园便成了赵构的避难处，这大概是宋太祖、宋太宗当年没有想到的吧。

祖父的墓做得比较大，四周有护栏，柱头上还有小石狮子，四个角上种了四颗柏树，墓碑上也是镀金的字。历经种种风雨，现在的墓地已被挤得狭小许多了，所幸的是在“文革”中只是把金字墓碑砸了，护栏、小石狮、柏树当然都毁了，墓石盖上打裂了几道缝，地下的部分则完好无损。吴越王的坟现在彻底翻造了，还建了一个“仰贤亭”，两侧还在搞石人石马，似乎有点旅游景点的味道了。

第二章　多梦少年

壹

伴随我度过少年的是幼稚的遐想。想这想那，做这做那，无穷的兴趣，无尽的精力。

与现在的孩子相比，我是一个好奇好动的贪玩学生。喜欢打打闹闹的游戏，如官兵捉贼；喜欢踢球，从弄堂踢球到踢碎人民广场的电灯泡；喜欢下棋打牌，发展到上课时前后排四人打四十分，课间休息玩陆军棋四国大战；喜欢唱戏、拉琴，乐于舞台演出。不过学习成绩总是名列前茅，赢得老师们对我的宽容与维护。从小学到高中，尽管入学考试成绩总是不错，却与重点学校无缘，所幸遇到的老师都是一流的。

瑞金一路小学的前身是一所名叫启秀的私立小学，地处瑞金一路的延安路口。赵因老师是我第一位小学老师。她是位多能的老师，既教语文，又教算术，又是我一年级至五年级的班主任。赵老师和蔼可亲却又认真严厉。她主张学生要多方面发展，不要读死书；要求学生不满足“知其然”；鼓励学生提问，提倡学生思考：按现在时尚的语言就是素质教育。记得在二年级时，她就要求我们在解算术应用题时每一步要写一条解答简话。我敢说绝大部分同学连“解答简话”四字都不会写，只知道这句话的意思是对下面算式的意思作一个阐述，说说做的是什么。一道题有几步就有几句解答简话。现在想来，这对二年级的小学生可能是很重要的，它告诉孩子们在做什么事情，目的是什么，为了一个目的，要分几步走，每步又怎么走。一道算术题解完后，她总会问：“小朋友们，还有别的解法吗？”这时我是经常举手的孩子，尽管有时会出错、还要与别人争，却慢慢学会了多方考虑问题的思维方式，也培养了我对数学的喜爱。

我曾是一个粗心的孩子，常常丢三落四，下面这件事却深受教训。有一次我把铅笔盒弄丢了，自己还不知道。赵老师下课前当着全班同学问我有没有丢失东西，我不假思索地摇摇头。赵老师又说：“你再检查一下吧！”我连连说没有，她慢慢地从讲台抽屉里拿出一只铅笔盒笑着问：“这只铅笔盒大概是你的吧？”我吃了一惊，急忙朝书包里一摸，果然少了铅笔盒，再看老师手里的铅笔盒显然是自己的，于是不好意思地接过了铅笔盒，往书包里塞。不料老师又问：“看清楚了吗？是不是你的？”看着熟悉的铅笔盒，我连声说是。她又说道：“打开看看吧！”我忙打开一看，不由大吃一惊，顿时面红耳赤，原来铅笔盒里还有两支不属于我的新铅笔。后来同学们告诉我，赵老师说郑祖康很粗心，大家要提醒他、帮助他，于是导演了这一幕。

赵老师的另一个观点是因材施教，照她的说法就是：“什么样的人，用什么样的教法。”她曾耗了几个寒暑假为一个住在学校附近被他母亲称为“笨胚”的同学补课，她也不惜花许多时间为学习成绩较好的学生搞兴趣小组。在校方的支持下，这种兴趣小组还可以由不同年级的学生参加。我参加过数学兴趣小组、半导体收音机小组、摄影小组等，记得摄影小组还是教导主任毛老师亲自主持的。在“大跃进”的年代，小学生也要搞一些小发明。我自作聪明地用甘蔗皮、果皮制糖，烧了几天也烧不出什么结果；设计制作一套水力资源利用的机械装置，还请铅皮匠师傅来帮忙打造管子接口，好多年以后我才意识到这是台“永动机”，真是可笑！

贰

看小人书（连环画）大约是所有八九岁孩子的共同爱好，识字不多，却可以从连环画中明白个大概，经过简单的思考把前后的情节连起来，或者说猜出来。我家弄堂对面就是一个小人书摊，几条板凳，简易的书架子上放满了诱人的小人书。摊主把彩色的书面子拆下来，又做了书套把书套起来，彩色的书面子就贴在书套外表，十分醒目。一本较厚的小人书会被摊主拆成两小本，甚至三小本。一分钱看两本，新书要贵一点，二分钱看三本或者一分钱看一本。小人书摊的长板凳经常坐得满满的。我去看了没几次，就被家人发现了，说是小人书摊的书你翻翻我摸摸不卫生，于是不再允许我去看了，但给我买了更多的小人书。我也像模像样地把这些书分类编号，搞得像图书馆似的。弄堂口还有一个吸引我的小摊头，专卖小孩子有兴趣的东西，如水果糖、话梅、桃瓣等零食，万花筒、木制手枪、纸壳望远镜等玩具。还有一个摸奖的大纸板，上半部挂着奖品，从 1 号到 10 号，下半部黏着折成小方块的摸奖纸条，大约有 100 个左右，写着 0 到 10 的数字。0 表示无奖，1 到 10 号分别对应上半部的奖品。好像是三分钱还是五分钱摸一次。有一次我看中了摸奖大纸板上的 1 号奖——一只纸壳的望远镜，放学回家总要看上一眼。现在我对摊主的音容笑貌还记忆犹新。他看着背着书包放学的小学生，总是乐呵呵地说："小朋友们，摸一个吧，摸一个吧，有奖啦!"这只纸壳的望远镜一直没有被摸走，最后大纸板下部的摸彩纸条只剩下十几张了。摊主大概也看出了我的心思，拉着我的手说："小朋友，你把摸彩纸条全包了吧，这样望远镜当然是属于你的。"我却犹豫不决没有答应。第二天放学就发现望远镜没有了，那个摸彩大纸板也不见了，不知被谁摸走了，还是被人包了，心里很后悔。

那时候，小孩子玩的东西很多，家长们也比较放松，不像现在那样急吼吼地不能让自己的孩子"输在起跑线上"。学校里也没有那么多功课。小学生除了"官兵捉强盗"、"老鹰抓小鸡"、"打鼓传手绢"、跳绳、踢毽子等游戏外，男孩子喜欢打弹子、斗香烟壳子，女孩子喜欢玩"跳橡皮筋"、"造房子"、"扔小沙袋翻麻将牌"（桌帖子）等。斗香烟壳子的游戏与香烟的品牌有关，贵的香烟，它的壳子作分也高。我的祖母吸的是敦煌牌或凤凰牌香烟，可以作很高的分。常常是她的香烟刚抽完，壳子就被我们小孩子拿走了，甚至没等她抽完，我们就把剩下的香烟裹在锡纸里，把壳子拿走了。一、二年级的小学生好像没有什么家庭作业，或者很少家庭作业。小学第一堂语文课，我记得只有三个字："開學了"，那时都还是繁体字，这个"學"字的笔画很多，我总是头重脚轻地把下面的"子"写出格子。放学后母亲也帮我纠正了几次，现在是要感谢简体字的好处了。

傍晚，弄堂里会来几拨叫卖的小贩。这些叫卖声也是老上海的一大特色，现在是听不到了。有卖粥卖馄饨的，有卖排骨年糕的，有卖牛杂的，等等。大人们喜欢吃"肚子"（牛杂），就是染上红颜色的那种，两三角钱能买一大包，大伙儿一块吃。茶叶蛋也有烧得很香很好吃的。回想起来，当时好像没有什么"卫生"的概念，吃了也没有人生病。这时小叔叔常会在一楼的厢房里拉起二胡，我在读幼儿园的时候很喜欢围着他的二胡转，几个姑妈逗着我讲一些吓唬我的故事。什么"老虎轻轻地从山上下来，慢慢地走近屋子，突然从背后窜上来，啊！你看……"什么"大灰狼终于成了精，它会变成老外婆，变成卖西瓜的小伙子，变成……啊！谁来了？"小叔叔则二胡"配音"，音调从高到低，从低到高，不断地滑音、颤音，吓得我直朝楼上逃。后来她们怕真的吓着我，不再玩了。其实我也不怕了，知道她们是假的，不过渐渐对二胡发生了兴趣，小学二、三年级开始跟小叔叔学二胡。他的二胡才能是非凡的，无师自通，靠看谱听唱片自学而成。先是拉刘天华先生的《病中吟》、《良宵》、《光明行》、《空山鸟语》，后是阿炳先生的《二泉映月》等。50 年代末，"上海之春音乐会"有群众文艺考评，通过的可以拿到"上海之春"的证书，二胡考评的曲目是《良宵》和《二泉映月》，他都通过了。在他的影响下，我也学了这些曲目。小学四年级的时候在淮海电影院举行的儿童音乐表演会上，我演奏了《良宵》，受到了表扬，自我感觉也挺好的。演出以后，来了一位干部模样的人问了我一些情况，还做了记录。六年级时在陕西路当时的上海体育馆演奏《二泉映月》，后来想想这是一次很不成熟的演出，拉错不少地方，主要是我皮厚、胆大、有表演欲。10岁那年父亲给我买了一把小提琴（儿童用琴），我又开始学习小提琴。父亲是教师，他读大学时曾经参加过上海市的一个西洋小乐队，当时就是拉小提琴的，后来又吹过小号。我练习小提琴大约坚持了三年，那时也没有什么“考级”。重新唤起我的兴趣是在念高中的时候，喜欢上了《沉思》、《牧歌》、《新春乐》、《思乡曲》等，还有小提琴协奏曲《梁山伯与祝英台》，多有中国色彩。也才粗略体会到小提琴的高音区域表现了悲怆凄楚，而低音区域则表现了安抚慰藉。受父亲影响，也许还有我的作用，弟弟们也喜欢音乐，喜欢小提琴。三弟是67届初中毕业生，“文革”后考入中央音乐学院，现在是中央音乐学院的教授、博士生导师。四弟是家族中小提琴拉得最好的，后来他把这份热情注入女儿身上，他女儿高中时已通过了小提琴12级的考试，这是很不容易的。

随着识字的增加，我渐渐看起大人书来。有一本叫《苦儿努力记》的书，大约是我最早看过而又记得起名字的书。书中还有不少插画，是描写一个孤儿经历千辛万苦的故事。他先跟了一个耍猴的，随后又干了许多苦力工作，最后好像被一个贵妇人领走了。四年级开始看罗贯中的《三国演义》，许多字不认识，不少句子也不知道什么意思，好在看过相应的小人书，大约意思尚能连贯下去。不知出于什么原因，还做过一本笔记，把三国的大将分类列表，拿什么武器，本事怎样，战胜过谁，主要功绩是什么，等等。常听祖母说“曹八将”，心想一定是曹操有八位大将，与刘备的“五虎上将”差不多的意思，于是缠着祖母问什么是“曹八将”，祖母也闹不清。我又把《三国演义》中曹操一些大将的事迹讲给祖母听，要她说说谁属于“曹八将”，搞得祖母也晕头转向。最后我自说自话选了八位武功最高的当作“曹八将”。或许“曹八将”只是一种笼统的说法，本来就没有定义过。四年级结束时，学校里搞过一个故事会，让同学们踊跃上台讲故事，我在没有准备的情况下，上台讲了一段“姜维之死”。名字是我临时取的，内容是讲三国后期钟会大军在剑阁与姜维对峙，邓艾父子却从阴平小路翻越，袭江油、破绵竹，直捣成都。姜维闻讯假意投降钟会，寻求恢复蜀汉的机会，又与钟会联手除去邓艾父子，最后在背叛司马昭的混战中丧命。讲完故事回家再翻翻《三国演义》，发现好几个地方讲错了，我也不明白为什么如此冲动。五年级开始又读了《水浒传》、《东周列国演义》、《隋唐演义》等。那时每年黄梅季节一过大人们就要晒书，父母把阁楼箱子里的一部分书翻出来，放在太阳下晒。天井、阳台、乃至屋里晒得着太阳的地方都摊满了书，真是琳琅满目。有先秦诸子百家的著作如《论语》、《孟子》、《墨子》、《韩非子》、《吕氏春秋》、《道德经》、《战国策》等，有中国历史书如《史记》和大量唐宋时期的诗词集，还有少量的武侠小说。记得一次晒书的时候我翻过一本武侠书，主角的名字好像叫“玉娇龙”，看了老半天，父母却斥责说：“小孩子这种书不要看!”这些书在后来的“文革”中都被抄走了。

叁

我第一次进电影棚大约是三四年级的事。我所在的卢湾区瑞金一路小学推选几个活泼一些的小朋友当群众角色，除了我之外，还有陆行忠、谢依莲、陆文佳等几个小朋友，其中陆行忠是我从幼儿园到高中的同学。当时拍的电影是《万紫千红总是春》。我们的任务就是跟在大人后面欢呼雀跃，乱蹦乱跳，还有就是趴在农村的那种老式窗子外边，一个人压着一个人，一个头靠着一个头地朝屋里瞧热闹（也就是朝摄像机的镜头看），如此而已。后来放映时还剪辑了好多。影片的主角是张瑞芳、高博等几位。我们最喜欢的是高博，老围着他听他讲故事。他也很乐意逗孩子玩，坐在高凳子上，笑呵呵地指手画脚，把大家乐得人仰马翻。《万紫千红总是春》还有一个小孩主角，在影片故事中是张瑞芳的儿子，比我们小一两岁，长得很漂亮。他的真妈妈也来了，忙着照料他。剧组里的人也在一边“真妈妈”、“假妈妈”地逗那男孩玩。我也看到那位真妈妈，只是没有太留意，想不到日后这位真妈妈竟是我的丈母娘！那位漂亮小男孩就是我的大舅子！老天爷已经在十几年前就为我们安排了初次见面！

记得在读小学四年级的一天，我在教室里听课，看见教导主任带了一位中年妇女在窗外朝里指指点点，打量着坐在教室里的小朋友们，又悄悄耳语。我敏锐地感到那位中年妇女的眼光落在我的身上，好像又对教导主任说了一些什么。果然，下课以后教导主任把我叫到了她的办公室，那位中年妇女也在。她非常和蔼地问了我一些话，然后告诉我她是电影制片厂的，问我愿不愿意跟她去一次。我们随即上了一辆三轮车，又去另一所小学领来一个比我小一些的女孩，这是她事先用电话约好了的。我们三人一起到了上海大厦。上楼以后，套房里还有另一位中年妇女。她们拿出一些糖果饼干招待我们两个小朋友。说话的细节现在都记不得了，只记得最后拿出两个苹果，要我们自己削皮吃。我只好红着脸坦白说我不会削苹果，那个女孩也表示她不会削，于是她们帮我们削了皮。吃完苹果，原先那位中年妇女又把我和小女孩送回了各自的学校，便再没有下文了。后来我领悟到这大概是导演物色演员的过程，大人们叫做“相星”、“试镜”。我已经在试测中被淘汰了。原因可能是不会削苹果时表现出来的腼腆、不自然和不知所措，或许是不会削苹果这件事本身。在同龄人中，我不属于那种脸皮薄而躲在后面的孩子。

小学五六年级时还去拍过几次电影，都当群众演员。其实我很愿意去是因为好玩，又可以不上课，这本来就是学校里选出来的，老师还表扬我们。记得有一次被“古城门”迷住了，还有“吊桥”、“护城河”等，全是《三国演义》中的东西，忍不住与同去的几个小朋友拾起地上的竹竿当作刀枪打斗起来！最后一次充当群众角色已经是念高中一年级了。在上海的科学会堂拍《霓虹灯下的哨兵》，班主任赵老师带领全班同学一起参加。剧情中是一场游园会，我们只是在草地上休息、看书、打桥牌。导演一声令下，我们就从草地上一跃而起参加游园。基本上不用排练，已经群众得不能再群众了。后来电影放映了，大家都去看了，谁也没有找到自己，只留下一片美好的回忆。

京剧对我来说，是从小耳濡目染的。那时候家里挂着祖父的剧照，祖父身材不高，扮相倒是挺英俊的。好像有《黄鹤楼》、《挑滑车》、《薛平贵征西》的剧照。祖父年轻时学过武。据说有一次在杭州打麻将，牌友中有一个是当地的警察局局长。麻将打到半夜散场，祖父急着回家先出来。谁知刚出门不远就遇到一个身材高大的劫匪，要抢祖父的钱包。祖父不买账，上前与他过招，三五下就把劫匪打倒在地，对方竟不能动弹。祖父怕惹事，加快脚步，离开现场回家。第二天的新闻却报道警察局局长力擒劫匪的细节。祖父心里暗好笑，想必是警察局长出来时捡了一个便宜，还被上司褒奖！在京剧武生行当的练习中，祖父很得盖叫天先生的指点。盖叫天先生叫我祖父“弟弟”，他的儿子张翼鹏、张二鹏叫我祖父“叔叔”，后来他们都成了“美猴王”，成了演孙悟空的典范。记得小时候大人带我去他们家玩，过年吃的是各式各样的饺子，名目繁多，想来他们张家的原籍可能在北方。父亲小时候也习武，有张扮演哪吒舞乾坤圈的照片，后来成了杨宝森先生的粉丝。父亲是一名十足的京戏迷，除了杨宝森先生以外，还喜欢程砚秋、裘盛戎、张君秋等几位大师。程砚秋先生去世时，父亲拿着发布唁电的报纸大叫“可惜！可惜！”50年代末，谭（富英）裘（盛戎）张（君秋）联袂到上海演出，尽管票价二元八角已是当时的天价，还是让上海的京戏迷着实激动了一阵，真是一票难求！父亲也是热衷者之一。一场《二进宫》更是轰动了上海滩。那时京剧尚处在鼎盛时期，我虽人小，却常常能跟着父亲去看京戏，有些戏也看得不怎么明白。那时有好几个京剧团在上海演出，“天蟾舞台”、“共舞台”、“中国大戏院”等几个场子都是专演京剧的。吃晚饭的时候，父亲常常会看看报纸上的广告——当时电影、戏剧的演出信息和广告占了半个版面——然后决定晚饭后去哪里。我们经常要迟到一些时候从而错过了“开锣戏”。“开锣戏”大都是武戏，是热闹戏，没有名角参与。父亲的目的在于看“压台戏”。看完戏我们常会找个地方吃顿夜宵，这样开心的日子一直到1960年的“自然灾害”。

大约我六七岁的时候，父亲就教我唱京戏了。初学的是《洪羊洞》中杨延昭的一段二黄原板。《洪羊洞》的故事是说北宋年间，三关元帅杨延昭探知父亲杨老令公的骸骨被放在辽国境内的洪羊洞，命大将孟良前去盗取。不料大将焦赞误以为元帅嫌他办事粗鲁而不让他去，偷偷跟在后面。当孟良摸黑进入洪羊洞时，焦赞童心萌发，想与孟良开个玩笑，从后面将孟良抱住。孟良大惊，以为辽兵或豺狼来袭，顺手一板斧把焦赞劈死。盗到杨老令公的骸骨后，方知误杀了焦赞。孟良自觉无颜回去复命，拜托一名老军以板斧为证送回骸骨，然后自刎而死。杨延昭闻报，悲痛不已，忧郁病死。我学唱的是杨延昭“为国家哪何曾半日闲空”的那一段。唱段不长，但我根本不知道唱的是什么，只是鹦鹉学舌。听父亲唱《洪羊洞》第三场中杨延昭“自那日朝罢归”那段快三眼，觉得很好听，父亲却说这一段太难唱，留着以后学吧！学唱的第二出戏是《二进宫》，我学唱杨波的那段“千岁爷进寒宫休要慌忙”，二弟学的是徐延昭的“说什么学韩信命丧未央”。这是定国公徐延昭和兵部侍郎杨波在进冷宫营救李艳妃前的一段对唱，是京剧的经典作品。二进宫的结果是徐、杨两家帮李艳妃夺回了大明江山。上学后我一直怀疑这段剧情的历史真实性，是否是艺术家们的想象或杜撰。后来我终于明白京戏中的故事都是编出来的，至少是改编加工的。如令人动情的《铡美案》纯属乌有；《群英会》中的蒋干历史上是位思维敏捷、见多识广、风流倜傥的江南名士，却被丑化成愚不可及的丑角，当然罪魁祸首应是《三国演义》的作者罗贯中。

记忆中上世纪50年代末60年代初，上海的京剧还是很有市场的。除了几个专业的演出剧团，还有半专业的和业余的。父亲工作的那个厂里就有一个业余京剧组，他曾演出过折子戏《打渔杀家》（饰萧恩）、《失街亭》、《空城计》、《斩马谡》（饰诸葛亮）等。记得父亲最后一次演出《打渔杀家》是在“文化大革命”后的兰心剧场，他已年逾六十，但在台上与教师爷过招时还是显出了武生的基本功。后来父亲又教了我《捉放曹》、《清官册》、《李陵碑》等老生戏中的一些唱段。我小学毕业那年，戏曲学校（初中部）来学校物色考生，瑞金一路小学也愿意推荐，可父亲与我一商量，就被我拒绝了，也不知当时出自什么原因。其实我对京剧还是很有感情的，直到今天我看电视的一大半时间都花在中央11台（戏曲台）和中央音乐台。

我初中那几年是“家庭京剧团”发展得最“猖狂”的时候。家里有全套的锣鼓，父亲除了唱以外，还担任导演与司鼓——乐队的指挥。三个弟弟分别掌大锣、钹、小锣，小叔叔拉琴伴奏，我除了唱只会打大鼓。晚饭后经常在家里“演出”。因为“演出”在一楼，弄堂里的人也挤着来看，孩子们都趴在窗上，很是热闹。弄堂口还有一家唱广东戏的，也是如此。我“京戏生涯”的巅峰大约是念初二时登台演出折子戏《文昭关》，我演主角伍子胥，还留下几张戏照，大家都说我扮相好。为了练习对白、台步，我确实花了不少工夫。当时初中生的功课远没有现在那样紧张，我把主要精力放在演伍子胥上了。演出那天，我们“郑家班”先打欢庆锣鼓，赢得热烈掌声。最引人注目的是我的小弟弟，他只有六七岁，连小锣都拿不稳，敲打起来却是十分有劲。我在台上演伍子胥，母亲拿一只小茶壶，躲在幕后面，一有机会就让我喝口水，润润喉。伍子胥过昭关急白了头，要换两次髯须，都是喝水的好机会。听说吃生鸡蛋能润嗓子，在演出前的半个月，母亲托人弄来一只老母鸡，每天一个鲜鸡蛋，有时还是热的。现在知道这样吃法不科学，当时自我感觉却不错，大概是心理作用吧！

我进高中以后，政治气氛好像渐渐严肃起来，戏曲中的帝王将相、才子佳人也成了批判对象，一些戏和电影开始受到质疑进而被认为是封建主义和资本主义的东西。“郑家班”也走到了尽头。后来批判了新编历史剧《海瑞罢官》，离“无产阶级文化大革命”已经不远了。“文革”后老戏又上了台，除了杨派老生外，我还钟情于裘派花脸，曾在一些表演场合清唱过《乌盆记》（饰刘世昌）、《探阴山》（饰包公）、《空城计》（饰诸葛亮）等段子，那是后话了！

肆

无论是教育学家、心理学家或者医生都认为：十三四岁的念初中的孩子正处在“反叛期”。他们不听父母的话，不听老师的话，自行其是，特别是男孩调皮捣蛋。我不知当时父母是怎样看待我的，自我感觉却很不错。我有许多想法，今天想做这个，明天又想做那个，这是一个多梦的时期——当然什么也做不好，只是做梦而已。

我的初中是在巨鹿路西段近陕西路的力进中学读的。力进中学算不上好学校，校舍是两三幢大洋房改建的，后来又扩张了一部分，盖了一些新房子。力进中学有一支不错的学生运动队，在卢湾区也小有名气。我曾是田径队的队员，跑短跑的，100 米的最佳成绩是 12.5 秒。锻炼了一段时间，感到吃力，成绩也提不高，就不了了之了。初一时最热衷的是木偶戏，用两个木制的大肥皂箱连接起来做成一个舞台。所谓木偶实际上是布偶。用泥彩做成头的有唐僧、孙悟空、猪八戒等西游记人物，也有其他仙人、将军之类的人物，套上一件小布衣，有各种颜色的，也有带妆饰的。用一只手套在布衣里，食指支撑着头部，拇指和中指分别伸到布偶的两只手臂，就可以活动了。这种布偶的精美程度当然比不上现代的芭比娃娃，只能换换衣裳、改变妆饰，比起正宗的木偶差远了。当时上演的正宗木偶戏，要数《神灯》最令孩子们兴奋。我看了好几遍，羡慕不已。那时木偶已经做得相当好了，不仅头、手关节灵活，打斗活泼逼真，连眼睛也会转动。木偶的体型较大，成本不菲，要在较大的舞台上演（从上往下吊）。操纵木偶的演员还要会唱、念，锣鼓则另有班子。我的布偶成本要贱得多了，一只布偶从两三角起到一元来钱。我拥有的布偶"演员"从几个开始发展到三十几个。舞台也越做越考究，两道幕布是根据正式剧院大幕的启闭原理制作而成，一道是上下方向的，一道是左右方向的，用绳子拉动。布景从简单的图画开始，发展到"机关布景"。这是从京戏《西游记》里看来的，再加上自己的遐想。所谓"机关布景"不过是用橡皮胶或胶纸把两块布景粘在一起，中间夹了一个鞭炮，当鞭炮点燃时，一声轰响，两块布景就分开了。此时山洞突然开启，妖怪从中冲出；或是山崩石开，英雄忽然消逝……舞台上还留有一些烟雾飘绕。灯光最初是从外面打进来的，左右各有一盏灯，配上能集中光线的灯罩及各种颜色的透明纸以便让舞台能呈现五颜六色。后来舞台内部也装上了一些小灯泡，这些小灯泡是 6 伏电压的，由一个变压器降下来。至于剧情、剧本则是从《西游记》来的，自己再作一些改编或胡诌一些。唱念做打都是我一个人，包括锣鼓声也是我自己哼的。观众首先是我的五个弟妹，其次是长辈和邻居家的孩子，我还排了观众座位，编上号码，发了戏票，煞有介事。现在想来真有点荒唐，也不知出于何种动力，也没有丝毫难为情的感觉，全是凭兴趣支撑着的。我在班级里负责出黑板报，开辟了一块连载小小说《孙悟空新上海游记》的园地，作者也是我，说孙悟空在上世纪 60 年代来上海游玩，遇到种种新鲜事，都是我胡编出来的，每周换一次，坚持了很长一段时间。

不久我又对无线电发生了兴趣，装了一台四管收音机，是照书上的线路按图索骥的，原理却不清楚。还想装更大的，钱不够了，也不好意思再向父母要，只得罢手。那时上海南京路后面有一条叫牛庄路的，两边的商店都是卖电子元件的，如电容器、电阻、线圈、耳机、电子管、半导体等，一到星期天还有许多摆摊的，形成了一个自由市场，十分热闹。有人出让自己多余的电子元件，有人来买便宜货，也有不少黄牛贩子。为了装收音机节省成本，我也常去淘便宜货，通常可以节省两三成，也上过当。

此后，我又迷上了天文学，看了两本入门书，开始辨认天上的星星。特别是夏天的晚上，在晒台上乘凉，望着满天的星斗，萌发了做个天文学家的奇想。还自制了一个简陋的望远镜，晚上观察星星。以北极星作为定点，观察众星围绕它旋转，像是一个钟。我半夜起来，也要观察一番，利用星（座）的位置，估计一下现在几点钟，然后再看看钟核对一下，基本上很准，自己也很得意。随着夏去秋来逐步修正。后来我又看了一些书，讲业余天文爱好者如何制作反射式天文望远镜，激动了好一阵子，蠢蠢欲动，四处打听制作材料的价钱。对我而言，造价实在不菲，硝酸银等化学材料也难弄到，再加上镜片研磨过程复杂没有把握，天文学家的梦也就破灭了。

考古学家的梦则是看了一个出土文物的展览开始的。古代文明的发现让人惊讶不已，一件件悬案更令人着迷。有七十二疑冢的曹操墓究竟在哪里？周口店出土的北京猿人的头盖骨现在什么地方？朱元璋的墓从文献记载应该就在明孝陵的那个土山上，怎么会找不到？还有他那个被朱棣颠覆的孙子朱允炆到底去了哪里……特别是不解之谜的甲骨文，说了一些什么？幻想有一部甲骨文的大字典，查一查就知道，就像现在的“新华字典”一样。可是偏旁又如何确定呢？自己又胡思乱想了一阵。有一段时间我老喜欢找一些有关考古的书来看，其实也看不懂什么，只是一些文物的图片深深吸引了我。如果我是一名考古学家，我就可以去发掘、发现这些文物，该有多好啊！我几次跑到淮海路成都路口的那家科学出版社的门市部，看看橱窗内摊放着的一期《考古》杂志，最后终于鼓足勇气向营业员开口买这本《考古》杂志。不料那位营业员却打量了我一番说：“小朋友，这是专业杂志，是给大人看的。”他把钱退还给我，我满脸通红，好奇性顿时受到极大的挫伤。长大后回想起这一幕，营业员也确实在为我着想，《考古》杂志是学术杂志，我当然看不懂，再说买一本杂志要花好几角钱，对我这个小朋友也不是小数目。

作罢考古学家的梦，又做地质学家的梦。记得刚念小学的时候，有一次从小人书（连环画）中看到天上仙人住在天宫、地下妖魔待在十八层地狱，很不理解，去问大姑妈。大姑妈回答说：“好人死后就住在天上，坏人死后就被打到地狱。”我不明白，又去问父亲。父亲说：“你看的是童话书，都不是事实。地球是一个圆球，人住在地球表面，地球外面是地壳，中间是地幔，中心是地核，一个很硬的球心。”我还是没有明白。父亲又责怪大姑妈怎么能给小孩子讲迷信。地质学家的梦是由一本从图书馆借来的书引发的，书中描述了地球上的各种地貌，分析了形成的原因，如喀斯特地貌的构成、火山的喷发、冰川的形成、地震的学说等等。特别是讲了一些地壳变动后引起的地层折叠、裂缝以及如何判定地层折叠顺序等，是一本较深的科普书，还有不少插图。沉积岩原始状态是一层一层的，后形成的岩层在上面，按历史形成的次序而置叠。整个沉积岩层本来是水平状态的，受到地壳强烈运动的影响，被挤压得皱起来，形成了向上凸起的“背斜层”和向下凹进去的“向斜层”。但由于侵蚀的原因，“背”和“坑”已不再很明显了，不均匀的侵蚀使得“背”变成了坑的模样，“坑”变成了背的模样。这样要辨认“背斜层”和“向斜层”就不是那么容易了。它涉及探矿找油等一系列问题，如搞错方向，任凭钻眼打得多深都不可能碰到煤层、石油层等矿床。更复杂一些的，还有“复向斜”、“复背斜”。当水平岩层受到挤压的时候，褶皱形成了各种各样的状态，“复向斜”是这样一种结构，在一个规模较大的向斜层中又有许多小的背向层和向斜层；反之，“复背斜”则是一个规模较大的背向层，在它的上面有许多褶皱形成的小的背斜层和向斜层。“复向斜”和“复背斜”是大范围结构的。钻井打眼找矿藏，更需要智慧和判断。我联想起杭州的山山水水——这也是我唯一去过的有山有水的地方，也有一连串的疑问：为什么钱塘江的潮水特别大？龙井海拔较高怎么还会有井水？西湖不是堰塞湖怎么也形成于环山之中？希望能找到答案。读了这本科普书之后，我又找了一些地质方面的书来看，似懂非懂，一直看到完全不懂为止。我希望能成为一名地质学家，搞清楚地球的过去、现在和将来，同时还可以结合考古，发掘和研究古代文明，看看古人是如何生活的，他们又是如何创造古代文明，做出精湛的工艺品……至于地质工作者日晒雨淋、刮风下雪在野外工作，受冻挨饿的艰苦生活却全然没有想到。不过至今我还非常喜欢看一些有关考古、盗墓、寻宝的小说和电影电视，虽然明知它们是虚构的。

初中时期最后一个梦是当一名化学家，那是初三时让化学老师“勾引”上的。第一堂化学课，老师就给我们变了几个魔术，让我们目瞪口呆。一张白色的纸片，上面什么也没有，老师把它夹在铁架子上。过了一会儿，老师念念有词，纸片突然燃烧起来了。老师又拿出了两只烧杯，分别倒入两种无色透明的液体，然后倒在一起变成了蓝色液体，再加上另一种无色透明的液体又变成了红色……我看到了化学的伟大，化学课成了我最喜欢的课。不久，上海市少年科技站（岳阳路 1 号的大院）的化学小组（初三组）招生，在老师的允许下，我和另一位同学金佑椿急忙去报了名。上海市少年科技站又要了我们上一年度的成绩单以及学校的推荐信。一星期后，我们快乐地收到了录取通知书。上海市少年科技站的小组活动每周一次，给我们上课的是一位年轻的女教师，戴了一副眼镜，说话很亲切很斯文，做起实验手脚很利索。她给我们上课的内容与学校的教学完全无关，我第一次知道

$C_{17}H_{35}COOH$ 硬脂酸那样的大分子式，至今也没有忘记。她教我们的是做化妆品——雪花膏（按现在的观点，我们的产品是不能用的），自制涂改液，放焰火（礼花）等，大都要求我们独立完成，她再评点。这些实验培养了我们对化学的兴趣，也获得了课外知识。如焰火的实验，我们明白了它的道理，同时，钠黄、铜蓝等五颜六色也深深印入脑海。我沉浸在化学的世界里，幻想成为化学家。我对化学的兴趣一直持续到高中。在高中的化学实验中，我异想天开地“设计”了一个办法来阻止复分解反应；在电解实验中“认为”瞬时停止电流会因为电子的运动造成逆向电流等等；还与徐孝业、郑伟良等同学到实验室去做那些自己“设计”的实验；为了索取课堂实验以外的药品器材，还与实验室的老师辩论我们设计的正确性。现在想来却很滑稽，我也不知那时候为什么如此自以为是！

一个梦接替了一个梦，一个一个好梦都破碎了，什么都没有做成，我却体验出其中的愉快。初中时正宗的学习成绩我还是不错的，但与高中阶段相比是糟糕的。我根本没有“竞争”意识，与现在的孩子相比，他们比我有能耐得多。但有一点我仍引以为荣：我学到的杂七杂八的非正宗的东西一定比他们多。

伍

高中三年是在东风中学度过的。也是我第二次考区重点向明中学失利的结果（第一次是小学毕业报考向明中学，未被录取）。班主任赵老师告诉我考入东风中学的分数很高，我也理解考分并不是录取的唯一标准，还有其他的因素。东风中学也是一所不错的学校，地处淮海中路嵩山路口，新中国成立前该处是一所巡捕房，离我家步行约十五分钟的路程。东风中学的特点是师资力量强。我们上一届同学的大学入学率已直逼向明中学，校方希望我们这一届的大学入学率能赶上重点中学。进入高中以后，最大的自我感觉是我懂事了，我要好好读书，争取考进全国第一流的大学。已不像初中时那样做梦，也明白真要做成一件大事，真要当一个什么家的，是要付出巨大努力的。也读过太史公的“盖文王拘而演《周易》；仲尼厄而作《春秋》；屈原放逐，乃赋《离骚》；左丘失明，厥有《国语》；孙子膑脚，兵法修列；不韦迁蜀，世传《吕览》；韩非囚秦，《说难》《孤愤》；《诗》三百篇，大抵圣贤发愤之所为作也”。但童心未泯，高一时迷上了一个叫“升官图”的游戏，与程良、陆行忠、徐孝业、吴立伟等几个同学玩得乐此不疲。这些同学常在晚饭后到我家做功课，做功课差不多是一个借口，他们早在学校里就把功课做得差不多了。“升官图”是程良弄来的，“升官图”的玩法很像现在孩子们玩的“强手”，不过要复杂得多。这是清朝升官的流程图，从出身开始一直到一品大员。出身分举人、进士、探花、榜眼、状元，是否旗人、皇族，祖上有无荫庇等，各种出身的升迁途径是不一样的。如非满人不能做光禄寺正卿，太子太保等高官要有较好的出身和较好的升迁途径。还有皇帝赐黄马褂等奖赏，要其他玩家“各贺十筹”。令人捧腹，非常热闹有趣。“文革”后却再也不见了，甚为可惜！高二、高三时把不少时间用于围棋和桥牌，发展到与老师们组成的教工队、校外的联队进行桥牌比赛。自傲的是与徐孝业的桥牌搭档几乎所向披靡。读高三时，“四国大战”棋在青少年中盛行。所谓“四国大战”就是把二人对弈的陆军棋发展成四人玩的游戏，两人一组。这样就会产生一些新战术，如用司令—工兵的组合对付师长—炸弹的组合，利用两人连续走步的机会，用司令吃掉对方的师长，然后用工兵“飞”掉对方的炸弹。又如用司令—排长的组合，司令吃掉对方游离在外的棋子，然后用排长挡住对方的炸弹。还“发明”了用炸弹外出游荡引诱对方的司令、军长来“吃白食”的所谓老酒瓶战术（棋子上的炸弹被画成老酒瓶的样子）；劣势的一方还可以用地雷加“行营”把住路口，龟缩在里面走闲着，我们称之为“擦皮鞋”，有人老用此策略，我们称为“擦夫”……一环扣一环的战术，实是趣味无穷。那时课前课后都有两三摊同学在教室里玩。有一次老师已开始上课，坐在我前面的一位同学突然大声说：“我的军长什么时候没有了呢？”我连忙捅了他一下，轻轻地说：“不是给我的司令吃掉了吗？”老师已经走到了他的跟前，问他怎么啦，那位同学支支吾吾涨红了脸。班主任赵老师终于把所有玩“四国大战”的同学留下来开会，训斥他们耽误学业，成绩下降。赵老师却放了我一马，没有令我参加会议，我心中当然有数，不敢再玩了。

不知怎的，我有时会对老师讲授的知识产生疑惑，对于“过度”的复习也有反感。如高一时物理老师告诉我们匀加速运动的公式，距离 $S = at^2/2$，a 是加速度，t 是时间。我却质疑：$v_1 = a$，$v_2 = 2a$，……第 t 秒（假定 t 是整数）$v_t = a_t$，那么 $S = v_1 + v_2 + \cdots\cdots + v_t = a + 2a + ta = at(t+1)/2$。当然是我错了。物理老师似乎对我很宽容，很欣赏我对一些怪题的解答。如“有大木料长不可称，用大秤在左端称得 140 公斤（此时右端支在地上），在右端称得 180 公斤（此时左端支在地上）。问木重几何”；“有臂长不等之天平，把一包糖放在左盘，读数为 9 公斤；放在右盘，读数为 4 公斤；问糖重”等等。有时还要我在黑板上演算出来，这也是我日后想报考大学物理系的原因。每当复习迎考阶段，我就对这些“重复劳动”感到心烦，觉得不如再学些新的。考试前夕我常常拉着程良（他也不喜欢多复习）一起偷偷去看电影，又怕老师知道。程良的记性极好，如今还记得我们当时去看的那些电影的片名，如《水手长的故事》等。回想起来，我们那时候读书没有像现在孩子那么辛苦。现在家长们“不要让我的孩子输在起跑线上”的想法是很值得商榷的。它泯灭了童心，没收了童年，扼杀了童趣。这对孩子而言，可能是永远的遗憾！

学生对学科的兴趣与老师的讲授、引导和鼓励很有关系，这是我后来体会到的。我对数学的爱好，始于启蒙的赵因老师，初中时迷上速算也是因为老师给我介绍了一篇有关速算的文章。如 $107 \times 103 = 11021$，只需把两个数相加减去首位的 1，然后在后面加上 $7 \times 3 = 21$ 即可。这个简单的算法我现在还记得（当然得有条件），并用于我的数理统计教学中。如计算小概率 $(1/2)^{20} =$

$1/1024 \times 1024 = 1/1048576$（我知道24的平方等于576）。我很佩服能心算6位数乘6位数的人，在上世纪60年代，据说世界上也只有三四位。当然他们有自己的算法：$a \times b = [(a+b)^2 - (a-b)^2]/4$，如 $a+b$ 不超过6位数，他们就会3位一段分成两段。计算 $(c+1000d)^2$ 的形式，其中c、d都是3位数。由于他们能背出1000以内的任何整数的平方，心算 $(c+1000d)^2$ 就成为可能，最后导出 $a \times b$。表演时他们坐在椅子上，静听出题人报的两个6位数，重复一遍，然后2分钟内报出答案。我没有机会遇到如此高人，但我相信他们是存在的。我曾经背出100以内整数的平方，试图心算4位数乘4位数，但感到这仍然是很困难的，大概是天赋不够的原因吧！作为附加的收获却是心算一元二次方程的根，如果判别式 b^2-4ac 是一个4位数以内的完全平方数，我就可以心算方程的根。不过这门"技术"现在已失去意义了。

高中三年的数学老师是近60岁的徐建民老先生，他年轻时好像搞过绘画制图，研究过画法几何。他在黑板上给出的几何图形，特别是立体几何的图形，准确分明，极有感觉，在这方面我后来遇到的数学高人中无出其右者。我去过他家，他从一只老式的书橱中取出他珍藏的几本宝贝书，是（多）复变函数及其应用，这大概是他读书时的数学前沿之一。他很少表扬人，却在课堂上表扬过我几次，原因大约是高一下学期，我的数学成绩，包括每周的小测验、期中考试、期末考试都是100分，总评分当然也是100分。这对学生来说也不是很容易的，因为要保持任何时候都不能“马失前蹄”，每周的小测验都是“现炒”的，不会有时间去复习。作为奖励，在高二的时候，徐老师把学校里分得的唯一一张“华罗庚教授优选法讲座”的入场票给了我，使我有机会能一睹这位数学大师的风貌。我早早入场，坐在第一排，华教授讲座的特点是深入浅出，我这个中学生也能完全听懂。他举的例子是一个层次、一个层次地推进，每一层推出一些新概念。讲话很幽默，很有感染力。一个细节如今还记得：他摸出一支香烟，用嘴唇夹着，又摸出火柴盒，划了一根火柴去点香烟，动作很慢，快到香烟头，火柴慢慢地熄灭了，香烟却没有点着，引起一片笑声。高二时还有一件得意的事是参加高三的数学竞赛。当时学校搞高三组数学竞赛是为了选拔几名学生去参加上海市的高三组数学竞赛（该年没有高二组的）。我当时并没有参加竞赛的意思，只是到考场找主考的陆国钧老师要一份卷子，竞赛已开场了一些时候，陆老师却说：“郑祖康，你就一起参加竞赛吧！”于是我也成了参赛者。记得一共有七八道题，除了一道立体几何题以外，其他题我都写上了自以为是的答案。这道立体几何题，我连题目也看不懂。我们当时刚开始学立体几何，我从平面几何的角度出发，竟判断这道题目有错，还把我的见解写在卷子上！不久出榜，我的名字也在其中，几个入选者没有排名顺序。内部传出来的消息说我是第一名，后果是更增加了我对数学的兴趣。可惜后来全市的数学竞赛被取消了。其时，上海市少年科技站——也就是我初中时参加过化学组的那个地方，正招考高二数学组，上海市高二的学生都可以凭学校的推荐信报考，但要经过考试筛选。好像有一百来人参加考试，最后录取的二十来人，有好几个来自格致中学，卢湾区有两人，除我之外，还有一名来自向明中学。在那里又让我开了眼界，少年科技站请来了上海交通大学的两位老师给我们授课，他们用的教材是苏联一位著名数学家写的《无穷小量求和》，用高二学生能够理解的方式讲授“高等数学”，同时又联系了我们课堂里学到的“级数”、“极限”等几章。理解“高等数学”对我而言是一个思想上的飞跃，奠定了我以后在崇明自学大学数学课程的基础。

第三章　『文革』初期

壹

1966年的春天，作为即将毕业迎考的高三学生，却在学校的安排下学习姚文元的文章《评新编历史剧〈海瑞罢官〉》，讨论“清官好，还是贪官好?”的奇怪命题，谁也没有想到随后的那场“无产阶级文化大革命”。讨论的结论也是奇怪的：贪官比清官好。贪官欺压百姓，狂征暴敛，贪污腐化，充分暴露了封建统治阶级的丑恶嘴脸。这必然引起广大农民的反抗，爆发大规模的农民起义，从而推动了中国历史的发展。清官呢？表面上是公正公允，实质上是维护封建统治者的利益。清官会得到老百姓的拥戴和尊敬，因而也更加具有欺骗性，客观上缓和了阶级斗争，帮了封建统治阶级的忙。这种结论即使我们十八九岁的青年人也是难以接受的。结论又很快被推广。一位同学带着怀疑的态度提出“封建时代的爱国者比卖国贼更坏”的问题。逻辑很简单：封建时代何谓国家呢？那就是封建统治者压迫剥削农民的工具。爱国者爱的是封建地主阶级的国家，卖国贼卖的也是这个封建地主阶级的国家，有什么不好呢？一个典型的例子是岳飞和秦桧。秦桧比岳飞在推进社会发展上更有积极意义，他把封建头子赵构建立的南宋王朝卖给少数民族。他卖的是封建主义的国家，为形成多民族的统一国家也有好处。如此一类的奇谈怪论搞乱了我们的思想，传统的是非观念受到了严重的挑战。

另一方面，我们还在温习高中的全部课程，准备参加高考。东风中学上一年度的高考录取率很高，校方对我们这一届很有信心。家长会上班主任赵老师对我母亲说："郑祖康同学考上大学应该说是没有问题的，关键是他能考进哪一所学校。"母亲已经为我准备了一副行装，准备让我出门住读。从我的角度看，我喜欢物理和数学，高考招生的目录也陆续发下来，大家都准备分类填表。我很想报清华大学的自动化控制专业和复旦大学的物理或数学专业，但又怕考不上，最后连一般大学也踏空。不久，毛泽东发表了"五七"指示，谈了教育问题，特别强调："学制要缩短，教育要革命，资产阶级知识分子统治我们学校的现象，再也不能继续下去了。"5 月 10 日姚文元的《评"三家村"》批判了邓拓、吴晗和廖沫沙。5 月 16 日中共中央通知撤销原来的"文化大革命五人小组"及其办事机构，重新设立文化大革命小组，隶属中共中央政治局常委之下。与此同时，在北京中共中央政治局召开了扩大会议，批判了彭真、罗瑞卿、陆定一和杨尚昆四人，"无产阶级文化大革命"揭开了序幕。学校里则传达了周恩来总理的命令，说今年的高考延期六个月，高中毕业生留在原学校搞"文化大革命"。于是复习迎考的气氛一扫而光，同学们都感到迷茫：什么是"文化大革命"？怎样搞"文化大革命"？我们当然搞不清。事实上，1965 年 9 月 18 日到 10 月 12 日，中共中央在北京召开工作会议时，毛泽东就提出："如果中央出了修正主义你们怎么办？如果中央出了修正主义，你们就造反。过去有些人就迷信国际，迷信中央。现在你们要注意，不管谁讲的，中央也好，中央局也好，省委也好，不正确的你们可以不执行。”1965年底，毛泽东同陈伯达、胡绳、田家英、艾思奇、关锋等人的谈话中就姚文元的《评新编历史剧〈海瑞罢官〉》说道：“姚文元的文章也很好，点了名，对戏剧界、史学界、哲学界震动很大，但是没有打中要害。要害是‘罢官’。嘉靖皇帝罢了海瑞的官，五九年我们罢了彭德怀的官，彭德怀也是‘海瑞’。”已经在筹划“文化大革命”了，老百姓是后来才知道的。

“无产阶级文化大革命”的调子在不断升高，那时候不要说我们这些高中生，即使高中级干部也说不清这次运动的矛头指向谁，老百姓只是笼统地认为要反对修正主义。8月7日毛泽东发表了《炮打司令部——我的第一张大字报》。记得当初是传抄的，说从中央到地方的某些领导同志“站在反动的资产阶级立场上，实行资产阶级专政，将无产阶级轰轰烈烈的文化大革命运动打下去，颠倒是非，混淆黑白，围剿革命派，压制不同意见，实行白色恐怖，自以为得意，长资产阶级的威风，灭无产阶级的威风，又何其毒也！”8月8日八届十一中全会通过了《关于无产阶级文化大革命的决定（十六条）》。8月18日毛泽东首次接见“红卫兵”，各大报纸登载了大幅照片：毛泽东穿一套草绿色的军装，坐在天安门城楼，东西两侧的观礼台上站满了“红卫兵”，师大附中的一个女“红卫兵”登上天安门城楼给毛泽东戴上了“红卫兵”的袖章。这一场景充分表现了毛泽东对“红卫兵”的支持。接着是浩浩荡荡的百万人游行队伍经过天安门城楼，接受毛泽东的检阅。第二天的《人民日报》报道说，毛泽东整整六个小时，一直在场检阅游行队伍，还高兴地说："这个运动规模很大，确实把群众发动起来了，对全国人民的思想革命化有很大的意义。""红卫兵"冲出校园走上街头，声势浩大地开展了一场向一切旧思想、旧文化、旧风俗、旧习惯开火的"破四旧"活动以及无法无天的抄家运动。

上海在这段时间里，先是把一些"老运动员"推上了台。6月份开始，各单位纷纷批斗"牛鬼蛇神"——地富反坏右，反动学术权威，又延伸到资本家、小业主。打叛徒、特务、走资派是稍后一些的事。张春桥首先以《评新编历史剧〈海瑞罢官〉》为诱饵，"钓出"贺绿汀、周信芳、周谷城等八位"资产阶级反动权威"，通过报纸公开点名批判，给他们强行戴上"反党反社会主义分子"、"反革命修正主义分子"、"反共老手"、"'三家村'黑帮分子"等大帽子，拿这八位名人开刀祭旗。上行下效，东风中学的某些领导也把一些有历史问题的、或有反动家庭背景的、或曾有过不适当言行的教职工的材料抛出来，让学生知晓，很快就形成了学生斗争老师的局面。我们的班主任赵老师也属此类。我们学生被告知赵老师出身反动家庭，赵家是南昌一带有名的富豪，哥哥也是反动军官。他本人毕业于上海的教会大学（沪江大学），自恃才高，能说会道，常有不满言论，要学生揭发批判。团委一个学生委员曾来启发我，说赵老师在上语文课时有反动言论。语文课本中有一篇毛泽东的文章，是批判一些文人无视当时延安的一片光明，而老是寻找一些阴暗角落来写。赵老师为了说明该文论述严谨，理由充分，自己扮演反动文人，让学生来批驳。当时就叫我来批判他，他歪理十八条，很难驳倒，他却哈哈大笑。其实这件事我早就忘了，也没能启发起来。很快就有同学把这件事用大字报捅了出来，幸好没有提到我的名字。不久，赵老师就成了学校重点批判的对象。全班同学开展了对赵老师的批判斗争，并于 7 月初整出了赵某某罪行的 64 张的大字报。

当时，我们这些十八九岁的学生真是出自对共产党的热爱和拥护，对毛泽东主席无限敬仰崇拜，“毛主席万岁！”是从心底呼唤出来的。对共产党的基层领导也充满了尊敬、热爱和信任，学校领导说干什么就干什么，说怎么干就怎么干，共产党的基层领导就是权威。下面的几段话取自我当时的记事本，可见我思想的一斑。

今天写了一张大字报，原计划只有一张白报纸的篇幅，但大家一讨论，一商量，内容大大地丰富了，意想不到竟写了五张多。

这充分说明了人多力量大，一个人的精力、智慧是有限的。众人的精力、智慧是无穷的。每一个人都应该摆正个人和集体的关系。个人永远是海中一粟，彻底地抛弃个人主义，要有革命的英雄主义，而不是为个人目的去奋斗。毛主席教导我们不要骄傲，要虚心，要尊重人家，尊重干部，尊重群众，这是必须牢记的。

1966 年 6 月 20 日

今天和吴立伟、徐孝业、程良、郑伟良、庄钟律、袁慧鑫六人到宝山海滨游泳，顺便到吴淞、张庙一观。毛主席号召广大青年到江河湖海中去游泳锻炼。以前虽然也会划几下，但还不行。游泳对于将来做什么事都会有一定的帮助。在今年的夏天要学好它。

1966 年 6 月 26 日

党支部书记周定豪从松江参加四清回来，听说他是一个精明能干的人，他的回来对我校文化大革命有很大好处，可以加强领导，集中火力对准牛鬼蛇神。他召开了一次团员大会，要我们努力学习毛主席著作，团结 95% 以上的干部群众，对准牛鬼蛇神猛烈开火。

1966 年 7 月 2 日

我还在记事本中发现了当年写的一篇短文《兵九进一》，由下象棋引发的感想，全文如下：

兵在象棋中并不能算战斗的主力，既不像炮能隔子轰打，又不像马能纵横八方，更不像车能横冲直撞。它只能一步一步踏踏实实、勤勤恳恳地前进，将上对方一军要花出许多心血。甚至走上几十步！

九路边兵，似乎更起不了什么作用，受不到人们的重视，它静静地站在一边严守阵地。然而高明的棋手为了它不惜绞尽脑汁，常常毅然走出英明的一着——兵九进一。

兵九进一的好处有三：

俗话说："小卒子过河可顶车马炮"，九路边兵倘若不畏艰难险阻过得河去，能配合车马炮猛攻猛打，其丰功伟绩自不别细说；即使仅靠兵自身的力量也能"独擒孤帅"、"双龙戏珠"、"三仙炼丹"。兵九进一正是迈出了可贵的第一步，它只会勇往直前，绝不后退一步！

九路边兵过河主攻或者助攻的概率是很小的，兵九进一的直接目的常是开通马路，创造攻势。继兵九进一之后，马八进九，马九进八，天马行空，其势不可阻挡，配合车炮直捣"九宫"。同时也阻止对方的一路马的前进。在这里，九路兵不声不响地立下了汗马功劳。

兵九进一的目的之一是"兑子抢先"，乘机再兵九进一送入虎口，然后车九进五夺卒骑河，控制对方前沿阵地，进守两利。虽然牺牲一兵，但夺回一卒，又占了上风，此九路兵的功劳不可不计。

九路边兵之所以值得赞扬是因为它只有前进，没有后退，为了大局贡献出自己一切力量，甚至牺牲自己也无所畏惧。无产阶级革命事业也需要无数这样的兵，在伟大的毛泽东旗帜下高歌猛进！

1966 年 9 月 25 日

看似一篇"左"派的文章，其实是无知罢！

贰

7 月份的上海，社会开始混乱了。除了在街头剪皮鞋、扯衣袖裤腿、剃阴阳头的所谓“破四旧”的极端行为，以及单位里逐步升级的戴高帽子、“坐飞机”的侮辱人格的批判运动，大规模的抄家运动也越演越烈。最初是烧毁砸烂古董、字画、西洋艺术品等，美其名曰“破四旧”。继而是搜寻金银财宝，打人斗人，所谓彻底剥夺剥削阶级分子和反动分子。最后是抓人关人或封房锁屋扫地出门。抄家的对象从地富反坏右、资本家，被揪出来的叛徒、特务、走资派，一直到小业主、高级职员，以及被认为有这样那样问题的人。抄了一遍不够抄两遍，抄了两遍不够抄三遍……被抄了四五遍的也大有人在。学校附近的一家小烟纸店，即卖香烟、肥皂、草纸等杂货的夫妻店，楼下店面楼上住人，所有财产一清二楚，一目了然，竟然也被抄了两遍。

上海的各所中学里也出现了各种各样名称的“红卫兵”组织。按照北京的经验，“红卫兵”的成员须是出身工人、贫下中农、革命干部的学生，即所谓红五类出身。高干子弟是自然的“红卫兵”领袖，随着批斗走资派运动的发展，许多高干落马，他们的子弟又迅速地沦落为“黑五类狗崽子”而被清除。我们学校的高干子弟很少，学生的家庭成分大都不是红五类，学生干部也如此。我们班 56 位同学只有五六位同学出身红五类，其余则组成各种所谓的红卫兵外围组织。批斗教师和“有问题人”的运动迅速升温，变得残忍和没有理性。打人、侮辱人的事已屡见不鲜，学校里也出现了“牛棚”，把牛鬼蛇神关起来，限制行动，不准回家。一位历史老师不知说错了什么话，竟被学生用大粪塞满了嘴。一个出身高干的初中生把自己的名字改成“造反”，搞了一个组织，私设刑堂，在学校外面抓了一些所谓男女流氓、坏分子，严刑拷打，据说闹出了人命。随后又出现了逼死人的事件。如体育教研室的主任王某，是一个较为出色的体育教师，年轻时是一个运动员，曾是山东足球队的前锋，后来从事游泳跳水运动，还是一级游泳裁判。不知为了一些什么事，受到严厉的批判斗争和殴打，被关在三（或四）楼的房间里。一天早晨趁看守红卫兵不备，从窗口纵身跳下淮海路。据目击者说，跳楼时嘴里还喊着什么，半空中还翻了一个跟斗，让头朝下立即触地死亡，场面甚是悲凄。凡被批斗的“牛鬼蛇神”都被抄了家，大部分还不止抄一次。我们班的红卫兵受指示后带领了几乎全班的同学抄了班主任赵老师的家，我也参加了。结果除了一些属于所谓“四旧”的东西以及一盒子面值为100元的定期储蓄单以外，并没有发现什么反动的东西，更没有找到“反动阶级的变天账”。

我的家被抄了三次，可以说是逐步升级的。

第一次是在社会上“破四旧”的时候，是我父亲单位里的造反派和红卫兵来抄的，算是比较客气的，虽然翻箱倒柜，但拿走的都是他们认为是封资修的东西。最可惜的是书，我也不知道家里怎么会藏着那么多的书。除了房中书橱里的，三楼的箱子间和阁楼中藏了大量的书，整整装了三卡车。邻居们一面围观一面指指点点，还有人说我家是开书局的。从内容上看，也是五花八门的，文学方面的书占了很大的部分，如唐宋名人的诗词、散文全集，都是线装的，有些还是有一些年份的。祖母手里有一些字画，1964 年、1965 年祖母想出让，找人看了，记得里面还有一幅乾隆皇帝的字，古董店的人说可能是赝品，没有卖成。现在一股脑儿都抄了。后来听说这些书也都烧了。其次是大量的戏装，俗称行头。祖父是出名的武生票友，有不少武生的行头，都很漂亮。唱戏用的帽子、靴子之类的就更多了。台上用的长枪、大刀都是用金属或纸质的长筒装的，整筒整筒地搁在箱子间。我们孩子从来都不知道筒里装的是什么，小时候玩耍的刀、枪只是一些零散的、用过的东西。漂亮的戏装所幸已经让祖母卖了不少。那时，离我家不远，有几家专门买卖戏装的旧货店。我读小学五六年级起就帮祖母去联系，找人来看货。祖母还要与他们讨价还价，当时要是卖完了就好了，省得以后麻烦。

还有一个祖宗牌坊，是当场烧掉的。就是那个半人多高的、扁扁的做得很精细的，样子像个古代亭阁的柜子，有一扇一扇的“落地门”可以打开。抄家时才知道里面放的是一块块祖宗神位，即写着郑家祖先姓名的小牌牌。里面有好多块，我只知道曾祖父郑长林和祖父郑永泉的名字，其他都不知道了，听祖母说祖宗牌坊里放的神位可能有更远祖的。这次抄家另一个插曲是造反派和红卫兵抄到一只林彪赠送的银花篮，问我们是不是林副统帅送的。我们也面面相觑，谁也搞不清，祖母也不知道。银花篮是从两箱银器皿中发现的，这两个箱子是二姑妈的（父亲的二姐），二姑夫二姑妈都去了香港，这两个箱子就存放在我家，箱子里还有与天主教题材有关的一些银器皿。银花篮是林彪送给二姑夫的父亲的，他叫吴经熊，是一个有名的学者，也是一个传奇式的人物。1921 年获美国密西根大学法学博士学位，回国后出任过南京国民政府立法委员、上海特区法院院长和立法院宪法草案起草委员会副委员长。在这个副委员长任上公布了《中华民国宪法第一草案》，被称为《吴氏宪草》。1937 年皈依天主教并出任中华民国派驻梵蒂冈教廷公使，这两箱东西很可能是他移居意大利罗马时，放在他儿子处的。以后二姑夫二姑妈去了香港，又把它存放在祖母那里，祖母也从来没有打开过。吴经熊生前有许多著作，涉及面甚广，与蒋介石、孙科等国民党高层也有联系。他曾做过国民党第六届候补中央执委、总统府资政、国民党中央评议委员等。至于与林副统帅有没有关系就说不清了。抄家的人看了老半天，一脸迷茫，最后还是把它带走了。以后便没了消息，再也没有归还。

这次抄家我的损失是：1. 一把小提琴和一些乐谱。2. 独奏二胡一把。3. 一些高等数学的书，特别是新买的华罗庚先生写的《高等数学引论》，还花了不少钱。说这也是资产阶级的东西，真莫名其妙！4. 找收集的清朝铜钱，即圆形方孔的那一种。从顺治到光绪的大大小小的版本，还有少数明朝的。我认为当时这是唯一可以算作“四旧”的。造反派和红卫兵一走，满地狼藉，又发现了一些没拿走的“四旧”东西，如古装戏的戏照、“封资修”题材的瓷器木雕等。父亲第二天又叫了一辆三轮车把这些遗漏物送到厂里，还要感谢他们帮助破“四旧”。

第二次抄家的目的是要金银财宝、钞票等一切值钱的东西。与第一次抄家的时间相距不是很远，细节想不起来了。大体的印象是我们几个孩子都被叫到楼下的厢房里，有几个人看着我们，不准走出房间。楼上造反派和红卫兵逼着大人要钱，要金银财宝。有些像电影或电视剧里的入室抢劫，当然他们是堂而皇之的，是正派人物，是敲锣打鼓来的，何况上次已经来过，熟门熟路了。这次抄家，稍值钱一些的东西都被卷走了，连母亲在一只斜放在墙角的梳妆台后面的许多食品罐头都不见了。这些罐头大都是肉类、鱼类的，也有水果罐头，还有海外亲戚寄来的黄油罐头之类的东西。拿不走的（如家具）就集中在几间房间里，把门封了，贴上封条不准启用。这就是所谓要彻底剥夺资本家，不仅在政治上要打倒，经济上也要打倒，不能让资本家过上好日子。父亲的工资改为本人每月 15 元，配偶与子女每人每月 12 元，家里一下子变得很穷了。当时每人每月 12 元只能勉强过日子，差不多是上海最低生活费用。

第三次抄家是在 1966 年的 11 月份，这次是为了整人，“要批倒批臭，打倒在地，再踏上一只脚，叫他们永世不得翻身”。此时，我正在北京接受伟大领袖毛主席的检阅，誓把“无产阶级文化大革命”进行到底。据说毛泽东曾经讲起过他在天安门城楼上向他三呼万岁的人群招手时的感想。毛泽东把这些手拿红宝书口喊万岁的人分为三类（大意）：一类是真心实意地拥护他的，“万岁”出自肺腑；第二类是应景的，随大流的，人云亦云，用现在的话讲就是“捣捣糨糊”的；第三类人是口是心非的，口喊万岁，心里在诅咒，恨不得他早死。毛泽东在讲最后一类人时，可能有所指，但对于中学生来说，我相信当时绝大部分人是属于第一类的。在照片或电视里常常可以看到青少年见到毛泽东时欢欣鼓舞、泪流满面的情景，我相信这是真的。我们当时心里是百分之一百敬爱和拥护毛泽东的，认为他讲的东西都是对的。我虽然不清楚资本主义是什么（只有书上说的），却相信共产主义是人类最美好的社会，反对包括资产阶级在内的一切剥削阶级无疑是正确的，这是建设社会主义的必要步骤。然而事实却把剥削阶级出身的子女推向他们的家庭，使他们与自己的家庭同命运、共患难。先是“黑八类子弟”（也有五类、六类、七类的说法，甚至有九类、十类的称呼，按需要而定），再是“狗崽子”等侮辱人格的歧视，又是“老子英雄儿好汉，老子反动儿混蛋”的血统论。这个口号在“文革”初出自高干子弟，自以为“龙生龙，凤生凤”，但不久却大部分沦为混蛋了。最后是“可以教育好的”“可以团结的”“可以使用的”等提法。从现在的角度看，这是十分荒诞的，匪夷所思的，但这是事实。

批斗的对象是祖母和父亲。造反派和红卫兵在我家门口搭建了一个临时批斗台，配备了高帽子。祖母已经70多岁了，眼睛又看不清，缠过脚，是一个典型的小脚老太，走路也摇晃。造反派和红卫兵把她架上了台，要她交代祖父的罪行，他们把祖父定为买办资产阶级。祖父已去世十多年了，要不然这道门槛大约过不了。祖父的生意早在珍珠港事件美日开战后，就给日本人当美资敌产几乎全部没收。祖父对日本人恨之入骨，一蹶不振，以后靠吃老本过日子。祖母在祖父去世后又吃了十多年。祖母对祖父的生意本来就说不清，自己开销又大，金银财宝也吃得差不多了，自然没有什么可以交代了。父亲恳求造反派和红卫兵让他上台替代祖母。造反派不准，说："你自己有自己的问题，下一个才轮到你。"父亲开的是一家煤球厂，其实也是祖父出资的。批斗结束后，祖母和还没有结婚的大姑妈、小叔叔被赶到二楼的亭子间，我们一家则被赶到三楼的箱子间（石库门的三层阁，有部分地方层高低于人高）。我串联回到家，看到的是铺天盖地的大字报，严严实实地贴满外墙。使用面积360平方米的房子仿佛披上了一件白色的大衣。批斗的细节是家人断断续续告诉我的——其实，谁都不愿意再提起。

叁

从消极的角度看，串联也许是一种情绪的泄发，希望能摆脱矛盾、烦恼、彷徨，甚至带有一些恐怖的纠缠，这里所谓的恐怖是害怕受到莫名的伤害，包括家庭和本人的。如果说"文革"前中国基本上是一个人治而非法治的但又是一个安定的社会，那么"文革"时代便是完全无序、颠倒是非、无法无天的社会了。

从公检法被砸到枪支流散民间后的武斗，人们已经没有最基本的安全感了。串联从积极的意义上讲，是看看别处是如何搞“文化大革命”的，见见世面，对青年人而言是一个锻炼的机会，包括独立生活与独立判断的能力。串联不必带很多钱，乘车、吃饭、住宿都不要钱，有些地方食品会要一些成本费，也可以写一张借条了事。如我们在山东借过20个大饼，后来通过学校间的联系，我们归还了粮票和钱。住宿是大通间的。火车是拥挤不堪的，不仅行李架上、地板上，连厕所也挤满了人。窗口不仅是上下火车的通道，还是一些男生的方便之处。女孩子们只能少喝一些水了。火车已经完全不按时刻表行驶了，列车员们也时常不知道自己的车什么时候开、开到哪里。一切都是临时的调度，能怎么走就怎么走。我从北京回到上海的火车走走停停，搞了四天才到，还算是幸运的，整个交通一片混乱。应该说当时绝大多数人还是比较单纯和朴实的，学生们绝大多数是满腔热情的，尽管这样乱，却很少发生抢劫、诈骗、强奸的案子。

第一次串联似有一定的偶然性，从9月8日开始到9月19日结束。前一天还与同学们谈论接待外地学生的事，突然想到我们为什么不出去走一走呢？人家来串联，我们也可以出去串联，看看人家在干些什么。第二天就与徐孝业、蔡慕伦、吴秀琴、王珊婉四位同学乘上去杭州的火车。应该说我们是很革命的，也是很守规矩的。我们在杭州没有玩过一个景点，整天在学校和街上看大字报，抄大字报。那时的大字报常带有一些惊人的内容，上至中央领导，下至地方政府；有大道新闻，更多是小道消息；有真有假，有夸大事实哗众取宠的，也有神秘兮兮、费人猜测的。我们这些传抄者更对大字报的内容起了推波助澜的作用。在杭州我们参观了浙江大学、杭州大学、浙江医大和浙江美术学院——这些都是浙江省的主要大学。下一个目标是韶山，也是这次串联的主要目标，看看伟大领袖毛主席的出生地。韶山古时候就是一个吉祥地，传说中的风水宝地。孔夫子还赞美过韶音。我们五人参观了毛泽东旧居并在旧居门口合了一张影。这是三次串联中留下的唯一的一张照片——五个瘦弱、幼稚的中学生。从旧居来看，毛家是殷实的，还有粮仓。当时社会上有两种说法：一说毛家应划为地主或富农成分，另一说是中农。据毛泽东自己说他家庭成分应划为富农。不管是地主或富农都是革命的对象，如此推断，毛泽东也属于“可教育好的子女”了——当然不敢说，只是放在心里。也不知道其他出身不好的同学是怎样想的，至少我对这一点很敏感。我还想许多革命者和伟人出身不是工人、贫下中农，但他们都成了革命者和伟人，如我敬仰的鲁迅先生，他却是最有资格教育别人的。在湖南我们去了湖南大学和长沙师院，还特别去看了看湘江中的“橘子洲头”，这是被毛泽东的《沁园春》所折服。到“橘子洲头”要经过竹排搭成的浮桥，还没有到“万山红遍，层林尽染”的日子。长沙之行，我也第一次领教了湖南人吃辣的本领。即使早餐的四小碟酱菜也是辣不可当。我们只好喝白粥吃白馒头，厨师的回答是：“不放辣？那怎么能吃！”下一站是武汉，参观了武汉大学和湖北大学，似乎并没有留下什么深的印象，又到武汉大学边上的东湖看了一下。我知道东湖是因为家里有一张父亲1960年在东湖宾馆门口拍的照片。1967年武汉"百万雄师"事件时，毛泽东也住在东湖边的梅岭。去年去武汉大学又发现东湖边建造了屈原纪念馆，据说是战国时屈原住的地方，不知道他们是如何考证出来的。武汉给我印象最深的却是湖北的小吃"豆皮"，外表是一张蛋（豆）皮，里面是肉、火腿、香菇、笋丁和糯米拌在一起，豆皮在铁板上烤，微微有一些焦，香喷喷的气味满街都是。回家后我学着做"豆皮"，但无论如何也弄不出这样的好味道，倒是搞掉了家里半个月的配给油。从武汉回上海走的是水路，乘客轮顺水而下是很惬意的，虽说在长江中游，仍有些"两岸猿声啼不住，轻舟已过万重山"的味道。于是突发奇想，要逆水过三峡一游，这个愿望30年后才实现。过黄冈东坡赤壁，人们都说是假赤壁，是苏轼自作多情，历史上周瑜破曹操的地方在湖北浦圻，还在武汉上游。2008年在武汉参加统计会议，我的一位已毕业的博士生开车带我去浦圻凭吊了一番，有《满江红》一首为证。

满江红·赤壁

蒲圻江岸，有石刻"赤壁"。相传周瑜破曹后，在江边船上大宴诸将，以剑刻之。6月22日与邓文丽一家游赤壁。

赤壁山头，乌林望，芦高树密。云天阔，东风浊浪，周郎当日。笑拥小乔添酒色，聊烧老瞒留书迹。且稍等，月上翼江亭，听琴瑟。

强敌逼，吴主识，师友助，军心一。更庞庵巧计，拜风仙术。滕阁序文千古句，渭河垂钓神州册。思良策，惟富国强民，人才觅。

另一件偷着乐的事是：船到黄石，我和蔡慕伦两个下船为每人买了一个黄石港饼。上船后我们两人先把自己的一份吃了，觉得味道上佳，把另外三个也分着吃了，心想不必与其他三个同学说明了，等到下一个港口下船补买三个就行了。谁知过了黄石再也买不到港饼了，一直到南京看看实在买不到了，便胡乱买了四个模样差不多的饼。我们两人分了一个，味道相差甚远，剩下三个就交给他们了。他们没有吃到黄石港饼，自然没有比较，我们两个算是混过去了。直至今天，他们还蒙在鼓里呢！

第二次串联是从 11 月 9 日到 12 月 8 日。在一个月的时间里与蔡慕伦从上海到泰安、济南、青岛，然后再去北京接受伟大领袖毛主席的检阅——这也是毛泽东最后一次接见红卫兵。与第一次串联不同的是，我们的思想发生了微妙的变化。在这近半年的时间里，政治风云变幻莫测，各种势力此起彼伏，运动的矛头渐渐被锁定在“走资本主义的当权派”，也就是党政各级领导，导致社会更加混乱。造反派的崛起，固然在于领袖的号召和在各地支持中央文革者的操纵，另一方面也反映了社会矛盾的突出，造反派的一些极端行为，对“走资派”的残忍手段，从某种角度看，也是一种报复性的行为。特别是为增加工资、提高福利、改善条件刮起的风潮是多么的浩浩荡荡。这场风潮后来被指责为“经济风”——是“走资派”为转移视线唆使一小撮人挑动起来的——当然这只是造反派的一种说法。这也从另一个角度反映了人们希望改善经济生活的愿望。对我们出身不好的人而言，运动似乎与我们越来越远——既不是批斗对象，也算不上革命力量，时时还要担心家庭的问题，成了可有可无、无足轻重的闲人。这也是我成为逍遥派的原因。其次，19 岁的青年人精力旺盛，而“无产阶级文化大革命”又把个人的兴趣压缩在一个很小的范围。学习数学是我的兴趣，一支笔、一张纸不需要什么成本，教科书可以到旧书店去买，我家附近就有一家，二三角钱一本。也看些物理方面的书，算是自娱自乐。后来偶尔搞到一本北京大学王力教授的《古代汉语》，书里讲授了古典诗词的知识和范例，大开眼界，爱不释手，于是又多了一桩学写诗词的兴趣。与蔡慕伦、徐孝业等几个同学交流后开始习作，可惜的是家里被抄走的那些线装整部诗词都没来得及看。

第二次串联的宗旨被调整为参观祖国的大好山河，特别要看看首都北京。我很想能看到伟大领袖毛主席，除了敬仰还有好奇的成分。这是有希望的，那时几乎每两个星期毛泽东就会出场接见或检阅学生红卫兵。串联的第一站是泰安，当时泰安还是铁路小站，红卫兵接待站也很简陋，到处贴着“他妈的狗崽子上泰山”的标语。接待站的负责人正忙着与来访的学生红卫兵宣传“泰山是封建主义的东西，不要上去”，同时催促我们早日上北京接受伟大领袖毛主席的检阅。看来他是一个很正宗的人。我们只好佯称到火车站等北上的列车，却偷偷地准备了一张泰山地图，悄悄上了山，下山时又偷偷把地图扔了。泰安城好像已经没有了正常的交通，我们从岱宗坊出发（岱庙已给封了）行走了五个多小时才到达泰山的南天门。一路上鲜有人迹，原因是当时的红卫兵把上山的主道路封锁了，幸亏我们有地图。泰山的雄伟深深震撼了我这个在江南无山地区长大的孩子。摩天岭、十八盘的壮景至今留在脑海中：石道陡直，古松傲然，怪石丛生，奇云万变，风色凌厉，晴雨瞬间。山顶玉皇大帝的宫殿是给封了，但大殿顶角上的金铃却在云中飘响，于是写下了一首七绝：

七绝·泰山十八盘

玉阶直上入天庭，摩岭豪风震万灵。

飞起轻云皆不见，碧霞宫里落金铃。

登上泰山之后，很想找个地方住下来，第二天一早好看日出。传来的气象预报是明天早晨阴有雨，这样日出看不成了。找到一家破旅馆，往里一瞧，黑糊糊的，要低着头才能走进门。我们两人都不禁打了一个冷战，怕进了水浒传里武松住宿的那种店。看门的老人倒是老实巴交的。我们两人一商量，反正日出看不到了，不如当即下山。不料下山时又走错了路，好像是绕道冯玉祥将军的墓，多走了好几里路。回到泰安城的红卫兵接待站，天早就黑了。我们谎称火车没等到，明天再去等——这样的理由当时是很充分的，泰安火车站站长都搞不定什么时候能发车。即使火车来了，红卫兵们只要一折腾：一挤、一爬、一吊，就没法开了。

济南是美丽的，除了去山东大学和山东师范大学看大字报之外，我们游览了趵突泉和大明湖。济南号称泉城，古书记载有七十二泉，以趵突泉为首。趵突泉的泉口很大，泉水从地下汩汩涌出，似乎地面也在振动。泉水缓缓流到大明湖，听当地人讲趵突泉就是大明湖的源头，可见水量之大。

山东人吃大蒜的劲儿，让我吃惊：大葱是一根连一根地嚼，大蒜头是一个接一个地咬，津津有味，根本不用和其他东西一起吃。南方人走进饺子馆，闻到的不是饺子香，而是葱蒜味直冲脑门，吓你一跳。济南红卫兵接待站的住宿条件比较差，都睡在一所中学教室的水泥地上，只有黑板前有一个二三十厘米高、比一张小床面积稍大一点的木质讲台，原是让老师在上面讲话可以站高一些。蔡慕伦看中了它，于是我出面找了接待站的负责人，说上海一起来的蔡同学路上不适，有些感冒发烧。那个负责人挺好的，立即把蔡慕伦的床位安排在这个小木头讲台上，还多发了一条被子。说需要的话可以由他们找医生，慕伦连连摇头。负责人叮嘱蔡慕伦先休息两天，不要参加他们安排或建议的活动，吃饭也跟我们一般人分开。因此，山东大学和山东师范大学好像都是我一个人去的。不过两天后蔡慕伦就愁眉苦脸地问我午饭、晚饭吃些什么，原来接待站的人对我们南方来的红卫兵学生很照顾，供应了大米饭，还常配些荤菜，肉切得小小的，是红烧的，味道很好，后来才知道这叫“卤肉”，是 道京鲁菜。蔡慕伦因是病号，每顿都安排了挂面，常加一个鸡蛋，以蛋糊的形式溜在面条里。这叫做病号饭，都是易消化的。蔡原来就不喜欢吃鸡蛋面条，这一下就惨了。于是我告诉他们，小蔡的病好了，可以和大家一起吃饭了。几十年后说起这一段事，我们俩都笑得人仰马翻。

后来真正生病的是我。从济南爬火车去青岛，我们俩只在车厢内桌子下面占了一小块地盘，坐着挺不直，躺又躺不下（没面积）。从济南到青岛开了两三天，我终于发烧了。好在蔡慕伦有一位姨妈在青岛医学院当医生，给了我一些药片，再加上年轻抵抗力强，第二天就好得差不多了。姨妈请我们吃了一顿饭，感觉特别好，这些天根本没有好好坐下来吃过一点东西。姨妈还送给我们每人一包糖一包饼干，嘱咐我在青岛多住几天，调养一下身体。青岛水好，空气也好，可以多到海滨走走，在海滩上坐坐。青岛的海滩真漂亮，坐在沙滩上，望着蓝天，数着飞来飞去的海鸥，感叹人生须臾，激发起青年人想做些事的热情。写了一首七律，抒发了此时的情感，却很受时代的限制。

七律·青岛观海

波涛阵阵涌来时，战鼓隆隆万马驰。
松木青青顶天地，柳枝袅袅饰湖池。
河城观坐难为计，薪胆终生才是知。
只笑刘禅不思蜀，人民亿万是我师。

在青岛的日子是愉快的，仿佛在世外桃源。坐在海滩上看海，与“无产阶级文化大革命”好像没有什么关系。一次中午在中山路一家餐厅里看到大碗的三鲜汤，卖一元钱一碗。什么是三鲜呢？是海参、明虾和鸡。两人抵不住诱惑，凑了一元钱，又买了几个馒头，美美地吃了一顿。以后虽然条件好了，但总忘不了这碗三鲜汤，它成了我心目中最好的三鲜汤。第二年（1967年）春天与郑伟良、徐孝业在客轮工农兵14号上参加劳动，又一次来到了青岛，这次从另一个角度欣赏美丽的青岛。船从海上到达青岛的情景是令人激动的，看着从地平线上渐渐显露出来的城市，我们仿佛到了童话王国！

从青岛到北京并不容易，记得那是晚上，整个青岛火车站黑压压地一片人头攒动，火车还没来。火车站的工作人员估计火车要大大超员，怕出事，把学生们分割成两块，中间隔着一座高墙，有一扇铁门相通，铁门有四五米高，早已关上。铁门两侧不时传来消息，一会儿说火车从这边来，一会儿又说火车从那边来，搞得人心惶惶。我们采取脚踏两头船的办法：我守着行李在一侧，蔡慕伦在另一侧打听消息。半夜，蔡慕伦突然翻过铁门说火车将进入另一侧。我们赶忙拿起行李翻过铁门，迅速挤上火车。与此同时，火车站的工作人员也赶来封住铁门，不让学生翻越，以控制上车人数。事实证明他们是对的：火车仍然挤得满满的，要不是他们控制铁门，火车根本就开不走。我们惊出一身汗，但赶上了车。

那时候的北京似乎并没有八百年古都的味道，而是充满了“无产阶级文化大革命”的气氛。许多名胜古迹都关闭着，如故宫、雍和宫等。倒是东直门、西直门还没有被拆去，展示着曾经有过的雄风，划出了北京古城的地界。到北京的串联学生非常有序地被安排到遍布北京的接待站，是由解放军部队布置的，吃住都有保证。我们两个被分配到农业展览馆一带的接待站，在北京的东面，当时感到离市中心还是比较远的，而北京的主要大学都在西面。记得公交车的终点站是酒仙桥，酒仙桥的名字引起我们的兴趣，也去看过，像是一个小集市中心，背后还有大片的农田。40 年后，在北京参加全国政协会议，驻地离酒仙桥不远，抽空再去了一次酒仙桥，已面目全非了，高楼大厦还在不断地起来，中心花园里有一个铜铸的酒仙，还有驴子和酒坛，可周围的人都不知道这个酒仙的来历。

除了北大、清华，我们还参观了颐和园、北海、景山等地方。景山的印象比较深，是因为崇祯皇帝在那里吊死，当时那棵上吊的树还没有被有效地保护起来。有一种说法，崇祯皇帝是中国历史上唯一没有被历史学家谴责的末代皇帝。我对这个说法总有一些怀疑，没有罪责，怎么亡国呢？后来读了一些关于明末的历史，知道明朝的灭亡有许多原因，但崇祯皇帝无论如何还是做了不少错误的判断与决策。2007 年旧地重游，留下了一首七律：

七律·景山

大顺黄巾动地来，京臣各理自家财。
千刀冤剐袁师肉，一纸枉追洪督才。
朝庙高官多富足，关宁铁骑无钱回。
不知饿匪皆百姓，覆发免冠空悯哀。

明王朝无钱赈灾，无钱抵抗外侵，无钱镇压农民起义，甚至连调动关宁铁骑的100万两银子也拿不出来。李自成打进北京城，严厉搜刮高官富豪的钱财，据说有3000万两银子之多，内宫的钱财也不在少数，可见明王朝腐朽已极。

不管怎么说，出自敬仰，出自好奇，到北京希望能看看毛主席，看看天安门。这一天终于来了，还是有点激动的。笔记里有这样一段记录：

24日晚上我们得到了一个兴奋的消息，明天毛主席就要接见百万革命师生和红卫兵小将。其实24日中午我们就感觉到了，因为：

一、把大批人员调往食堂；

二、小卖部突然卖起柿子来了（以前从未卖过）；

三、连指导员的胡子也突然刮得清清楚楚，别人问他，他只说“军容嘛”，其实一听就知道了，难道以前就不谈军容了吗？显然是保密。

但到了深夜，又突然通知我们：明天你们不去了，因为你们是新五连的，训练得不够，不行。当时大家听了急得说不出话来。不少人埋怨四个上海人和四个哈尔滨人，因为他们在两小时前为了一些小事，打了起来，被营长知道了。这一夜谁也没有睡好，可排长总是说：“不要急嘛！”其实他也急得睡不着觉。

兴奋的时刻终于来到了。26日上午营长带着我们列队开往天安门，我们被安排在天安门正对面。午后二时一刻左右，天安门城楼上响起了“东方红”的歌声。乐声刚停，一辆吉普车

（敞篷的）从东向西疾驶而过。继而是几辆摩托车，这时大家就高呼“毛主席万岁！”紧接着毛主席的车来了，毛主席神采奕奕，站在车上微笑着向群众招手。我们离毛主席的汽车大约三十来米，脸是看得清楚的，汽车开到我们面前，恰好毛主席转过身来，面向我们招手。毛主席身体十分健壮，十分高大，我们高呼“毛主席万岁！”

可惜的是：汽车开得太快了，只注意看毛主席，林彪、周恩来等同志都未看清（都穿军服，且车上的人又多）。虽然如此，能正面看到毛主席一眼也挺满意了。

一九六六年十一月二十六日将是一个永远值得纪念的日子。

这是毛泽东最后一次接见红卫兵，对我来说也是最后的机会。从8月18日起到11月26日共接见了8次，人数达1100万，但与全国人口相比，所占不过1%。

回上海后，与几个同学策划更大的串联活动。从上海经南京、郑州入陕西（西安），南下到成都，再游昆明、桂林，转回重庆，然后经长江三峡水路回上海。这个逍遥游的计划很快就被打破了。全国性的大串联，随着1967年的到来而结束，铁路运输也告别了混乱的情况，代之以学习红军长征精神的步行串联。事实上，此时的串联在思想上、行动上以及精神面貌上都与半年前不一样了。政治家们正在火热的“夺权”斗争中，逍遥派则意志衰退，随着半年来看到的各种事件和现象，激情已在减弱，步行串联似有些“应景”的味道了。1967年1月6日我和任致远、王中正、陈以直、李家骏等同学步行到苏州、无锡。记得那时正在下雪，于是写了一首七律：

七律·步行串联路上

背包踏雪长征誓，前辈当年重任承。
渡壑飞峰遵义路，开云拨雾延安灯。
途艰道远行驹马，风疾云高展大鹏。
不慕暖房花艳放，寒梅挺立傲霜冰。

从上海到无锡 120 多公里，既不是“途艰道远”，也非“风疾云高”，只是夸张而已，反映了初学诗词的幼稚。步行串联匆匆开场，草草收场。当时运动的大方向已转向“夺权”，即向“走资本主义的当权派”夺回权力。上海的“一月风暴”开了先例，得到毛泽东的首肯，并迅速在全国展开，各地的武斗也在不断升级，军队不得不介入了。

串联是特殊年代的产物，对十八九岁的年轻人，也是一个大开眼界、大受锻炼的机会。与社会中下层的各式各样的人打交道，看看中国基层的真实情况，学到了许多书本上没有的知识，对今后的发展会有帮助。也有一些乐事、趣事值得回忆。记得在北京串联时去一家理发店理发，理发师傅约 40 多岁，一听我开口，就断定我不是北京人，也不是北方人；看我学生模样，竟把自己的身世滔滔不绝地告诉我。他是满族人，正白旗，祖上曾是一个威风凛凛的将军。正白旗是多尔衮的部队，为打下北京城建立大清朝立下赫赫战功。祖上在北京城附近圈了地，祖祖辈辈吃吃喝喝，好像就没有干过什么活。祖父没有什么手艺，父亲也只能混，家里坐吃山空，越混越穷。到了这一代就沦落为剃头匠，“这哪里该是满人做的事？从统治者到侍候人，世道完全变了。再说，满人入关统治汉人本来就是一个错。你知道满八旗有多少人吗？才 20 万，人心不足蛇吞象！现在倒好了，变成社会的最底层，而且把满文全都忘了。家里没人识满文，更不用说写了，把十八代老祖宗都卖了！”他的话让我吃惊，也是第一次听到，想不到满族权贵的子孙现在如此生活。又有一次在北京外地学生的住宿地结识了一个广东的学生，我们吃饭的主食是米饭和馒头，我都能接受，他却常常用馒头来换我的米饭。我渐渐和他熟悉了，但交流老成问题。他说的话我能听懂三四成，再说一遍也没有用，听懂的部分已经听懂了，听不懂的部分还是听不懂。有一次我忍不住对他说：“你能不能用普通话跟我说？”他惊讶地回答：“我不是已经在用普通话讲了吗？”我大为疑惑，想祖国地域广大，语言如此不同，好在我们还有共同的文字，这可得感谢秦始皇了，要不现在如何沟通。又有人告诉我广东话不算难懂，浙江南部和福建一部分的话才真的难懂呢！这话我后来也验证了。在温州，我只听得懂喇叭里叫喊“毛主席万岁！”其他都不行了，在街上走，像个傻瓜。有了广东朋友的这次经历，1987 年我第一次访问香港中文大学，学校里可以用英文讲，出了校门我口袋里放了一张纸条。上面有我的名字和在香港的地址，有些像现在老年痴呆症患者用的方法，找不到路就出示纸条。有一次我拿出纸条连问了两三个人，都说“唔知”，意思是不知道，我想也没有什么关系，你不知还有别人知。最后问到一位竟回答我“呣（音）啊！”就是说没有这个地方，这一下该我出汗了。现在的香港人，普通话比以前好上几百倍，但我在香港还是不敢乘中巴、小巴。因为无人上下是不停车的，下车前要对司机说一声“落了”或“落车”，然后司机才停车。广东人自然没有问题，我就不行了，无论怎样叫“落了”、“落车”，司机也不停——他根本听不懂我的上海广东话，还一个劲儿往前开，你说急不急人！

在串联中了解民风民俗也是蛮有意思的。步行串联时，我们几个在苏州吃到麻饼，觉得味道不错，是苏州的特产。后来我们几个走到一个叫木渎的小镇，只有一个比较像样的饭店和一家小商品杂货店，我们在这儿发现有苏州麻饼，价格比苏州还贵。我们都想吃，上前与营业员理论，麻饼怎么能卖得比苏州还贵呢？营业员却教会了我们一句话：“苏州麻饼木渎出。”原来木渎才是麻饼的原产地，用料特殊，做工道地，更胜于苏州，品尝之下，真觉得不同凡响。这么多年过去了，大约是生活水平的提高，早就不吃苏州麻饼了，但“苏州麻饼木渎出”这句话大概永远也忘不了。

肆

1966 年底上海政坛的变化是始料不及的。自从中央把“无产阶级文化大革命”的对象定为党内走资本主义的当权派后，上海的工人队伍不可避免地分为造反与保皇两派。早期，在市委的指示或者说暗示下，上海各工厂成立了工人赤卫队，在誓死保卫党中央的同时，也誓死保卫上海市委。上海市委曾召开数次全市性的大会，表示紧跟伟大领袖毛主席，誓把“无产阶级文化大革命”进行到底，组织包括大、中学生在内的大规模的游行。记得有一次下大雨，学生们冒雨游行，折腾了大半夜，搞得筋疲力尽。现在与同龄人说起，都有同样的回忆。

学校则进入了“斗、批、改”的阶段。我和徐孝业两人成立了“鲁迅战斗组”，搞了一本《鲁迅语录》，也乘此机会浏览、学习了鲁迅的全部杂文著作。还编了一本《毛主席诗词歌曲选》，收集了不少为毛泽东诗词谱曲的歌谱，这完全出自兴趣。不久，又与同班的20多位同学组成了“东风孺子牛战斗组”，参加学校的运动。学校搞“三结合”，要从被打倒的干部中选一些好的结合到新的领导班子——校革命委员会中去，大家的目标是原校长殷之濂。殷校长是个老实人，年轻时参加过抗日文艺演习队。那时国共合作，演出的是抗日的文艺作品，而其组织与国民党有关。这样，殷又成了历史反革命或混入共产党内的国民党特务嫌疑分子。殷之濂来上海东风中学之前，曾长期在杭州的一个中学里教书，当地的组织和群众对他比较了解。于是学校成立了联合调查组，调查殷之濂的历史问题，由我、郑伟良和蔡慕伦调查殷之濂在杭州工作的情况。我们决定骑自行车去杭州，也是为了好玩。读书时我们经常组织同学骑自行车去南翔、松江、佘山等地游玩，但都是近郊，觉得不过瘾，这次想跑跑长途。当时去杭州要沿金山县海边走杭州湾的公路，约有 200 公里。5 月底天气已有些热了，上午 9 时我们从上海出发，中午在路上吃了饭，又休息了一会儿，想赶夜路。不料天暗下来后，公路两旁竟然没有路灯，在海塘边还听得到呼呼的浪声。郑伟良穿的是白色衬衫，眼睛最好，体检时自吹是空军标准，由他前面开路，我看着他的白衬衫行走，蔡慕伦跟在最后。过了不久，天愈发黑了，我们发现路旁的田里有许多萤火虫，发出绿色的光，一闪一闪的。我们决定捉些萤火虫，作为骑车前后联系的信号。郑伟良拿了塑料袋，一只一只地把他们捉进来，还告诉我这些萤火虫硬硬的，就像石头。我们把塑料袋吊在车后，好比是盏绿灯，帮助我们夜行。午夜到了浙江海盐县，在一家旅馆里睡了四五个小时，天亮又骑车上路。当我们再次注意到这些萤火虫时，竟发现塑料袋里装的是石头、土块、虾壳等杂物。大约是因为这些东西含有丰富的磷质而发出冷光的原因吧！下午终于到达杭州城。这是我一生中唯一的一次自行车长途运动，想想也蛮有意思，虽然只有 200 公里，也算不上什么长途。到了杭州城，觉得嘴很干，一连喝了好多水，大概也有点脱力吧！

6 月上旬，我们就把调查材料写成汇编，供全校师生斗、批、改之用。这次杭州之行，除了调查研究，也学到了不少生活中的科学知识。如我们在满满一碗虎跑泉水中，慢慢放入一个一个的硬币，水丝毫也没有溢出来，只是中间凸起。随着硬币数量的增加，越凸越高，似乎到了极限。这时小心地把一分钱的硬币轻轻地放在水面，硬币并不下沉，而是像一片叶子那样浮在上面，由于中间凸起，硬币又向四周运动，直到碗边为止。上述奇迹可能是因为虎跑泉水中含有较多的矿物质，引起浸润现象，正如细管中的水银柱上端也是凸起的一样。又在九溪看到一队人挑粪，桶装得满满的，上面都盖着一片叶子，说是防止了共振，水就不会溢出来。九溪有一处相传是乾隆皇帝洗过脚的地方，那里的螺蛳是没有屁股的，然而上下游却没有这等奇事……

1967 年的夏天是多事的。7 月份武汉爆发了“百万雄师”事件，毛泽东和周恩来都亲临武汉；8 月份外交部的“夺权派”火烧英国代办处，有点像“义和团”的味道了；接着，王、关、戚下台；长江沿线“反许乱军”，武斗发展到用枪用炮了……10 月份我们到长江航运局参加劳动，开始了另一种较为平静的生活，与当前的“无产阶级文化大革命”似乎越走越远了。

第四章　『游学』长江

壹

对于逍遥派而言，到长江航运局的大驳船上去当名水手也是一个很好的选择。一是长长见识，总比无所事事好；二是腻味了大城市“文革”的气氛，到江上去多少有点回归自然的味道。1967 年深秋我当上了长航 1003 号的水手。这是一条 1000 余吨的货运驳船，所谓驳船是指自己没有动力，要依靠拖轮拉动的货船。整条船上才八九个人，还包括两个临时工和一个年龄与我相仿的学徒工小邵。驳船的船长称为驾驶长，又称驾长，是一位 50 多岁的南京人，我们都叫他老杨。老杨对工作十分尽职，对下属要求严格。背着我曾对他的手下说：“小郑是高中毕业生，知识分子，来我们船上锻炼，干活不赚钱，就要走的，大家好好待他。”可能是这个原因，对我很宽容，偶尔没按规矩做事，他也容忍包庇，或通过指责他的徒弟（也就是那个学徒工）来提醒我。其他人也对我另眼相待。两个临时工也是有些来历的。一位是正规京剧团的文武老生，“文革”一来，剧团解散，他也被迫到船上混混饭吃。空闲时他经常在甲板上练腿工，把架势，偶尔也翻几个筋斗给我们看看。他保存了不少剧照，都是传统京剧的，那时被视为“四旧”。他知道我也喜欢京剧，偷偷地把这些剧照拿给我看，并介绍当时的情况，此时他脸上会发出异样的光彩。我不知道他在想什么，但可以看得出是美好的回忆。另一位是因身体不好而没能毕业的大学生，找不到合适的工作，也上船当了水手。他知道的很多，阅历也丰富，常常与我谈天说地，颇有知识分子的味道，只是有些固执，有时会滔滔不绝地说话，也不管别人听不听他、信不信他。另外有几位是老水手，按当时的说法是背景复杂的留用人员，业务能力都不错。从我们年轻人的眼光看，总有些怪脾气。记得其中有一位老水手，平时喜欢摆老资格，不愿干活，又看不起学徒、临时工，老要指责别人，把累的活、脏的活推给学徒、临时工。久而久之，引起了公愤。后来大家抓住他对社会不满的一些言论进行批判。回想起来，这是船上发生的唯一的一次“阶级斗争”。此后他就老实多了，有时竟发现他一人在读《毛主席语录》，不知是真读呢还是读给我们看的，总算是一种“改正”的行为。

由于船上的人少，不配备专门的厨师，大家须轮流烧饭，还须轮流买菜，十天为期。（每人烧饭买菜不在同一周期。）这对我却是一个考验，不过很快就适应了，我发现我自己还是有能力做好这件事的。水手们的要求本来就不高，再加上我“丑媳妇勇于见公婆”的气魄，这一关很圆满地过去了——不仅能烧出一桌大家认可的菜肴（谦虚地说，是大家尚可下咽的），而且对长江沿线的副食品价格、质量，如芜湖的米、九江的鱼、南通的鸡等，都有所了解。记得在九江，全船的人向一条渔船买了许多青鱼，每人一条，小则二十多斤，大则三十多斤，每斤四角钱。四角钱一斤在当时还是贵的，九江城里一般的青鱼是二角几分一斤，只是渔船上的鱼又大又新鲜。渔民们要抓到这些大鱼不容易，我曾看到一位渔民从一条小渔船上扛下一条大横川鱼，一过称有62斤。他说与这条大横川鱼斗了一夜。上半夜鱼就上了钩（网），可它的力量大，把小渔船拖得在江上团团转，幸亏没翻船。这条大鱼一直挣扎到天蒙蒙亮，渐渐没了劲，渔民这才把它弄到水浅的地方，又花了大力气用渔叉、绳子把它捕到。我们把这些青鱼晾干，擦上少许盐，制成鱼干，又把所有的新鲜鱼肝放在一起炸豆腐吃。现在回想起来还是津津有味的。我花了十元四角钱买了一条26斤的青鱼，回家时背在身后，鱼尾快拖到地上了，一路赢得许多羡慕的眼光。当时家里穷，船上食宿却是免费的，母亲每月仍给我十元块，而1003号驳船大约也是每个月回上海一次。这样我就把这十元钱买些所到之处的土产，给家里带来一些惊喜，除了上面所说的鱼还有南京的盐水鸭、鸭肫干，九江的咸猪手（自己加工的）等，极受家里的欢迎。甚至还有过年时船上发的糖果，看着弟妹们欢乐的脸庞，也是我一辈子忘不了的。

贰

“文革”期间，长江沿线武斗不断，船只停泊待命是经常发生的，最长的一次在九江停留了30来天。原因是九江上下游均有武斗发生，船只不敢行。上游下来的水手指着他们船舱上的枪洞告诉我们，要躲到三层钢板的后面才安全。后来编队下行，因我们船运的是棉花且堆出舱面两三米，整个船队的船员一致要求把我们船编在外侧以防流弹。其实九江也不安全，我亲眼看到一伙人在江边试枪，噼啪朝天打了一阵，扬长而去。把船上的人吓了一大跳，唯恐枪头失准，殃及无辜。听说有一天一位卖烘山芋的老太，莫名其妙地让人在炉膛下面放了两只土制的手榴弹，结果炸断了双脚。

出于好奇，我也“轧闹猛”参观过一次武斗。那一天，我悄悄下了船，跟着一群吵吵闹闹的人走出九江市中心，来到一条老街，两边是旧时的商店（有排门板的那一种），不过早就打烊了，人们躲在里面，打开半扇门板，探出半个脑袋，这个场面，电影里好像看到过。人群不再前进了，说是前面巷子里在打。突然听到几声枪响，不久有一辆马车从里面出来，马拉的是一辆平板车，左右拥着五六个解放军战士。车上好像躺着一个人，因为马车速度很快，也看不清楚。解放军一边跑，一边叫闪开。后来才知道九江两派冲突，解放军前去阻止，夹在中间，两边不买账，而且都有枪，最终还是打起来了。解放军无奈，只好充当救护员的角色，把伤员尽快救出来。我回到船上，老驾驶长狠狠地训了我一顿。听同事们说，老驾驶长听说岸上在武斗，又不见我踪影，急得直跺脚——这也是我在船上唯一的一次挨骂。

水手的工作，对我而言，最大的好处就是有富裕的时间。其实我对水手工作只觉得好玩而并不喜欢，学会了一些基本知识与基本技能之后，便失去了努力的动力。倒是对气象知识有过一些兴趣，这是由一本《航海气象学基础》和一本技工（水手）教科书引发的——也是从旧书店里买来的。如何看云识天，预测第二天的阴晴风雨，是件趣事，而且第二天就知晓对错。不过，绝大部分的时间花在学习数学、学写诗词和游山玩水上了。

作为消遣，同事们个个都喜欢下象棋，不过水平并不怎样，下棋的速度却奇快。有一次我在船尾洗衣服，两位同事在屋里下棋，不到半小时传来了5∶3的比分。胜利者已哼起小调，嘴里还要赢话。不久，两人就吵了起来，不知是谁愤然推翻棋盘，其中一位冲出屋子对我大声嚷：“小郑，你评评理，明明轮到我走，怎么他还要走，岂有此理！”

说实在，我的象棋水平在长江水手中是“一流”的，驳船编队或相遇时常会举行非正式的象棋比赛，我常代表1003号出战，以“通吃”他船而在驳船队中小有名气。1003号驳船的船员也为我吹擂，为我自豪。有一段时间，九江市出现了五六个象棋地摊，是玩残局的，棋局可能出自“百变象棋谱”等古谱。这些“红先和”的残局要走很多步，陷阱不少。与摊主的输赢是每盘棋半包（或一包）飞马牌或者前门牌香烟。同事们输了香烟常常还要输话，拉我去报仇。我也感到棋局复杂，不敢贸然下场，去看了以后只是把棋局默默记下来，晚上研究后第二天才去破局，当然香烟是归同事们的。几次下来，摊主们怕了，对我们直打躬，嘴里直说：“破了，破了，朋友帮忙，朋友帮忙。”同事们拿了香烟出了气，还指着摊主们说要“踏平九江”，我也觉得很惬意。

叁

湖口镇离九江市二十来公里，有著名的石钟山。记得在中学时念过苏东坡先生的石钟山记。苏东坡不信小童以斧扣石解释石钟山发声之谜，亲自实地调查："至莫夜月明，独与迈乘小舟，至绝壁下。大石侧立千尺，如猛兽奇鬼，森然欲博人；而山上栖鹘，闻人声亦惊起，磔磔云霄间；又有若老人咳且笑于山谷中者，或曰此鹳鹤也。余方心动欲还，而大声发于水上，噌吰如钟不绝。舟人大恐。"颇有些探险的味道，印象很深。一清早，借了船上唯一的一辆旧自行车，兴冲冲地向湖口踏去。到了湖口渡口，已有几个当地的老乡等着摆渡。不一会儿，来了一条小木船，是时风平浪静，船老大哼着小调把船靠上来。我一看船很小，只能坐十来个人，我们先后都上了船。除了几个年轻人外还有一个老汉和一个妇女。船资是二角钱，我的自行车也算一个人。船老大又等了一会儿，看看再没有人来，便慢吞吞地收起了跳板，解开绳子，向对岸划去。周围很静，只有小船划水的声音。不料快到石钟山下的时候，突然起风了，小船迎来了浪花，开始颠簸，不久就有些倾斜了。船上的人也开始不安了。船老大要我们尽量把身子趴低一些，尽可能贴近舱面以降低重心；一面迅速调整了航向，似乎是在顶着风，行速更慢了。见我不像本地人，船老大又不断安慰说："这儿是这样的，只是风大些，不会有事的”，“风不太顺，多行一些路，不要紧的”。我也不知道自己在想什么，只感到不时有水点打在我身上，看看浪花却没有听到东坡先生“如乐作焉”的美好悦耳的声音。石钟山就是一块巨石，船行其下，实在太渺小了。约三十分钟才到了码头。

登上山去，鄱阳湖就在眼前，渔船飘荡，小姑（山）婷立，背后是庐山茫茫，云掩雾迷，这是大自然的造化。古时候能当个彭泽县令应该是不错的位子。美景相伴，又何求焉。不觉心旷神怡，留词一首以记之。

念奴娇·石钟山

石钟山下，怒涛涌，激起春雷秋雨。孤岛荡舟何处落，不尽庐山云雾。千里鄱阳，黄烟弥漫，万浪归江处。雄关千古，兵家多少勤苦。

或道洪武当年，锁兵湖口，风劲周颠助。勇士七船催火势，任纵红鸦飞舞。水赤天彤，汉王巨舰，顿作尘灰去。绿围村寨，耄翁犹指残树。

另一件愉快的事是在山上一家饭馆里吃了一顿午餐。花了四五角钱，点了一道红烧青鱼块，十分新鲜。烧得很入味，下了三两饭，在当时颇有一些奢侈。在镇上买这种鱼是二角八分钱一斤，看来饭店的利润还不算高，也反映了当地民情的朴实。

肆

南京这座六朝之都的宝地是我心仪的城市。刘禹锡在《西塞山怀古》中有“王濬楼船下益州，金陵王气黯然收”的句子，可见当时孙权占据的建康城就已经是一座繁荣的都市了。韦庄在《金陵图》中有“无情最是台城柳，依旧烟笼十里堤”的说法，台城是指古代建康宫旧址，在南京玄武湖畔，是宋、齐、梁、陈四朝的皇宫所在地。诗句虽有些凄楚伤感，但从另一方面说明南京的自然景色也是非凡的。

1003 号驳船在南京锚地抛了好几次，都因为急忙编队的原因没有时间上岸游玩。一直到 1967 年的春天，驳船奉命在南京锚地待三天，等候上游下来的船只一并编队东行，才算有了机会。这时正逢长江沿线武斗盛行，南京的两派也闹得不可开交，而且都有武器。我们所属的长江航运局在南京港务局大院里有一幢招待所，供长江航运局来往船员住宿。驾驶长见我兴趣盎然，要来了招待所的钥匙，限我在南京玩两天：早晨上岸，次日傍晚回船，夜宿招待所。用心花怒放来描写我当时的心情，一点儿也不为过。

上岸后即去了中山陵、明孝陵、灵谷寺和玄武湖。中山陵初次给我的感觉是宏伟而肃穆，400 来级的石阶直上孙中山先生的纪念馆（石棺墓）。从这里环顾四周，山形地势气宇非凡。再加上春天的碧绿，六朝的经典，先辈的遗训，让人肃然起敬。也真佩服选址人的眼光。但第二次去中山陵的感觉似乎就没有那么好了，那已经是三十多年后的事了，大约名山大川、高楼大厦看得太多的缘故罢！与中山陵相邻的明孝陵却风格迥异，有造型古朴而生动的石人、石兽，布局清晰而又带些神秘色彩，很容易使人想起北京明十三陵前的神道以及金碧辉煌、气势磅礴的陵寝建筑群，似成一脉。只是北京十三陵的规模大多了。子孙在事业上的建树比不上洪武皇帝，但在造陵的功夫上大概要让这个穷苦出身的皇上瞠目结舌吧！据说朱元璋的真坟墓就在此山中，但范围太大难以确定。灵谷寺的一绝是无梁殿，建于明代，无梁筑殿可见当时中国高超的建筑技术之一斑。玄武湖很大，相传是晋朝练习水军的地方，景色本来已美，又以南京城墙为背景，优美的“城湖配”结人为与天然成一体，算得上是另一绝了。

晚饭后回到招待所，觉得情况有些不妙。南京整个港务系统的两大派正在辩论，大院里的喇叭不时传来尖锐的上纲上线的指责声。我是抱定宗旨，不管遇上哪一派的人都死不表态，谅他们也不会把一个外来的中学生怎么样，何况他们两派都还在寻求支持者。或许我的想法太过天真，门房的老爷爷看我少不更事，过来嘱咐我“今晚小心点”。一天的游玩，又走了不少路，一倒在床上就睡着了。下半夜被喇叭里的吵闹声惊醒，不仅是固定在大院电杆上的喇叭，还有手提的那一种。骂声交相混杂，也听不出在说些什么，我也不理他们照样睡自己的觉。快天亮的时候，传来噼啪的声音，越来越大，也不知道是什么声音。我感到不安，悄悄起来，看到院子里很多人拿着长矛戴着安全帽在列队，还有人在吆喝指挥。我急忙拿起随身的小背包溜出招待所，向市中心走去。天色尚早，却已经有摆早饭的摊子了。吃完早餐，刚才瞬间的恐惧已忘得差不多了，又开始第二天的游玩。

莫愁湖在南京的西南角，早听船上的同事说，莫愁湖边上有一个楼阁叫胜棋楼（也叫胜棋阁），是当年朱皇帝和大将徐达下棋的地方。原来也没有这个楼名，徐达的棋艺本比朱元璋高一筹，因为君臣关系不敢尽力，平时总是输多赢少，朱元璋却自以为棋高一着，见徐达屡屡战败，便想出“激励机制”：“若能胜朕，赐汝此楼。”想来徐达也是一时激动，竟赢了此局。朱元璋也不食言，果然把楼阁给了徐达，于是改为胜棋楼。不过后来徐达仍未逃出朱元璋的手心。实地考察一番胜棋楼，确实是个好地方。楼阁虽说平朴简单，也已陈旧，却迎风近水，四周鸟啼柳林。莫愁湖上还有船只在微风中徐行，不知是游客还是工作人员，构成了一幅世外美景图，忘却了正在进行的如火如荼的“无产阶级文化大革命”。留下七绝一首：

七绝·游胜棋楼

御阁朱窗对莫愁，
听莺弄柳望轻舟。
老臣手举一盘胜，
多少棋人慕锦楼。

离开了莫愁湖，又去了雨花台、夫子庙一带。然而都比较冷落，没有留下深刻的印象，以致三十多年以后重游夫子庙、秦淮河时竟大吃一惊，南京还有如此繁华之处！晚上灯火楼台，画舫水榭，绵绵乐声，还有吃不完的道道美味特色点心，让人遥想“十里秦淮”的年代。不过当时却没有一点感觉。傍晚终于“兴尽晚归舟”，完成了南京游的夙愿。

伍

九江的庐山对我有巨大的吸引力。庐山充满了诗意，也是田园诗人陶渊明的归隐之处。陶渊明在少年时有“大济苍生”之志，后来出任九江的彭泽县令。毛泽东有“陶令不知何处去”的问句。陶渊明当了不到三个月的县令，不愿为五斗米折腰，看不惯官场的腐败奸诈，辞职归隐山林，在庐山脚下过起“采菊东篱下，悠然见南山”的生活。虽然穷困却能尽情领略庐山的自然美景。他参加体力劳动，生活是丰富的，精神是安宁的。在《归园田居·其三》中他是这样表达的：

种豆南山下，草盛豆苗稀。
晨兴理荒秽，带月荷锄归。
道狭草木长，夕露沾我衣。
衣沾不足惜，但使愿无违。

最后一句也是他的追求。关于陶渊明，还听人说有一个“虎溪三笑”的故事：东林寺的创始人高僧慧远，虽然喜欢与名人雅士往来，却影不出山，足不入俗。离寺门不远有一条溪水，叫做虎溪，他规定自己送客不能超过虎溪。有一次他送陶渊明、陆修静下山，刚迈上虎溪的石桥，就听到山中传来一阵虎啸，三人大笑不已，慧远只得留步拱手相送，这就是“虎溪三笑”。除了陶渊明之外，李白、白居易、苏东坡、岳飞、陆游、徐霞客等都在庐山留有诗篇。

庐山虽说是地旷山野，却又充满了政治气息。庐山曾是国民党的夏都，据说蒋介石在庐山开过好几次会，重要的就有三次。第一次是针对围剿中央红军的，第二次是与日本人签订丧权辱国的《塘沽协定》，第三次是在西安事变后，在共产党的催促下，在庐山会议发表了著名的抗日宣言：“如战端一开，那就要地无分南北，年无分老幼，无论何人，皆有守土抗战之责任，皆应抱定牺牲一切之决心。”毛泽东主席的庐山会议召开于1959年的7－8月，开始时是心情愉悦的，还写了一首《七律·登庐山》。“冷眼向洋看世界，热风吹雨洒江天”，“云横九派浮黄鹤，浪下三吴起白烟”，还是一派诗意。朱德、董必武、陶铸等领导人都留下轻松的诗篇，李锐更有“漫步随吟今古句，高谈且饮雾云茶”的神仙快乐。后来彭德怀直言上书，说出了“三面红旗”的错误缺点，遭到了毛泽东的反击，会议由纠左变成了反右。毛泽东在庐山召开的八届八中全会上说：“一上山，我就讲了三句话：成绩很大，问题不少，前途光明。我想，这样的话总是可以的吧！后来就是在这个问题上发生了不少问题，可见得问题不少。他们要改换题目。问题不少是可以的，看是什么问题。现在改换的叫右倾机会主义向党猖狂进攻的问题……”最后搞成了彭、黄、张、周的反党集团。一直到“文化大革命”结束后的1981年才给予平反。我们游庐山的1967年，林彪正处于高峰期，谁也想不到后来毛泽东的第二次庐山会议就批判林彪、陈伯达，还有黄、吴、叶、李、邱“大有炸平庐山之势”。真是：眼前身后看不清，尽在庐山云雾中。

我和小邵上山已是秋天了，我们两个从好汉坡爬上来。照说东林寺、西林寺是庐山的名刹，建于东晋，可当时却没有什么印象，大概是关闭了。倒是天池山顶荒废的（大）天池寺还有印象，大天池的附近有一处风景叫龙首崖，崖石宛如龙首，悬空飞舞，下面是深壑，有雾气冒上来。大天池的下面是石门涧，是一条很窄的峡谷，瀑布奔腾而下。此地建寺似乎很理想，还有一个长方形的水池，水仍清澈。我们看到一个和尚模样的人在种地，手里拿了一把锄头。我上前问路，他说这里就是大天池。我觉得这里很荒凉，根本不像一个旅游景点。又问道：“这里不是有一个文殊台，供奉文殊菩萨吗?”他好像吃了一惊，问我是怎么知道的，我说是书里看到的。他就不再言语了，嘴里念起经，又用双手合了一合，不理我们了。我们两个只好在附近看看，十几分钟后，不知怎的又转回了原地，和尚却不见了。我们感到很奇怪，周围也没有什么人。

“无限风光在险峰”的仙人洞是一定要去的。毛泽东的诗句让每个中国人都知道庐山上有这么一个洞，但看过之后却有些失望，只是一个滴着水的石洞。洞不大，水不时从岩石缝中渗透出来，当地人说吕洞宾曾在这里修行，我总有些怀疑吕洞宾怎么会住在这么一个洞里。从仙人洞出来向上走，有巨石凌空，刻有“纵览云飞”，旁有老松，孑然傲立。我想毛泽东的“暮色苍茫看劲松，乱云飞渡仍从容”大概是在这里。附近还有“白鹿升仙台”，相传是周颠骑鹿升天处。台中有御碑亭，亭中有朱元璋的题诗。周颠帮朱元璋打败陈友谅，又治好过朱元璋的病，朱元璋很是感激。诗中有一句“朝耕白云暮种竹”，想来是何等潇洒！

庐山很大，玩两天是不够的。记得还去过三宝树、芦林桥、花径、五老峰等，匆匆来，匆匆去。其实庐山的别墅也是一大景观，有10多个国家风格的600多幢别墅依山就势，散布在绿树丛中。只是当时都关闭着，其中以“美庐”为最。后来在一本介绍庐山别墅的书中看到，“美庐”原是一位英国医生所建，后归蒋介石、宋美龄所有。别墅为英式两层建筑，面积有近千平方米，庭内种有国内外的植物70余种。

据说毛泽东主席1959年第一次来“美庐”居住时，曾用湖南话戏谑地喊道：“蒋委员长，我来了！”蒋介石的题词“美庐”也是毛泽东保留下来的。当时的庐山管理人员派了两名石匠要凿掉“美庐”两字，正逢毛泽东走过，当即制止说：“蒋委员长的字很好，还是保留原貌吧！”于是现在还能看到石刻“美庐”两字。“美庐”大概也是同时得到蒋、毛两人青睐的唯一住宅吧！

这一年九江的雪下得很大，雪后的庐山更是美丽。无论在九江看庐山，或者在山脚下仰视庐山，都有心怡舒畅的感觉。苏东坡有“横看成岭侧成峰”的诗句，是指从不同的角度看庐山。其实从不同的季节看庐山也是不同的。炎夏是清风徐来、绿披馨香的避暑胜地；冬天则是雾托雪顶、典雅安谧的世外山庄。我曾写过这样一首诗：

五律·浔阳雪后

雪拥北街坡，云横五老峨。
天光开一路，水练展千波。
此练虎狼将，曾沉铜雀歌。
庐峰方少壮，气概冠山河。

九江给我深刻的印象，是一条布满摊贩的大街，四角钱一斤的（野生）甲鱼，三角钱一斤的猪蹄圈，两角多钱一斤的鱼……都可以讨价还价，车水马龙，人声鼎沸。四十多年再也没去过九江，很想再去一次，特别是庐山，面貌一定变得很快。曾有一个愿望：退休后乘长江轮从上海到武汉，慢慢再游一遍，回忆一下青少年时代。可2009年秋天打听到从上海到武汉的长江航班已停航了，说是没有生意，只好将来再看看有什么可以替代的。

陆

在船上劳动，游山玩水、饱览风光固然是大好时机，学诗写词也是我这个长江驳船水手的一大乐趣。工作闲散，时间是很充裕的。由于没有老师的指点，只能凭感觉东思西想。要仿效古人，既无功底，又无阅历，作品便显得幼稚。其中《忆秦娥》、《如梦令》是最早写的两首短词。

忆秦娥

鸥鹭舞，山青云淡春江去。春江去，清馨又起，柳明桃吐。

迎风日沐当空赋，销魂尽把春期度。春期度，对歌天竺，品龙尝虎。

这首短词是驳船抛锚在芜湖附近的江面时写的，反映了惆怅的心情，对前途的茫然。又回忆起前一年与同学结伴游杭州，翻天竺山，嬉笑欢歌，到龙井品茶，又去虎跑喝泉水，无忧无虑的欢乐情景。

如梦令

昨夜浪来千万，不料已平春岸，兰柳漏琼楼，鸟恋、舟凝、香卷，争看争看，可是梦中仙馆。

这首词则反映了春天的到来，希望的点燃。前一天值夜班，江面上还是大风大浪，清晨睡下，到中午醒来，景象已发生了巨大的变化。梦里依稀看到的仙境竟然出现在眼前。

在船上养成的习惯是早晨与傍晚在甲板上散步，极目远眺。

有时一个人独自去，有时几个人一起去谈天说地。可能是船舱内比较气闷无聊，而江面上空气新鲜，可闻到两岸树草发出的清香，看着往来的鸟雀，叽叽喳喳，是唱歌还是吵架？偶尔还会遇到渔船，与渔夫们聊聊，看看抓到什么鱼。往远处望，常见的是青山淡云，在长江口则是一片波涛。不管怎么说，总有一股舒坦的感觉和说不出的愉悦。七律《眺赭山》正是甲板上的作品。远望芜湖城里的赭山，郁郁葱葱。喝了一点啤酒（船上很少喝酒，我不知道有没有规定），在甲板上散步吹风，十分惬意。船在行驶中，看到东梁山上高耸的输电立柱。

七律·眺赭山

赭山翠绿万年悠，父老不知荒庙由。
黑鸟盘旋中汇塔，白花涌打上孤洲。
长林茂竹桃花盛，薄雾轻云秀水流。
醉觅大江何处去，东梁巨柱立千秋。

长江航运局的劳动生活是我第一次较长时间的离开家庭、离开学校的独立生活，难免思亲思友。我对自己的前途却丝毫不能把握，只有一条是可以肯定的——大学是上不成了。那么能干些什么呢？又能到哪里去呢？这是我常问自己的问题。另一方面，在船上的日子里，让我看到了祖国的大好山河，也回忆起与亲人、同学、好友们的来往，以及彼此的鼓励。七绝《浔阳大雪》和五律《江上遇友人》正是这些思想的反映。

七绝·浔阳大雪

天神狂驱玉骢驰，吞没浔阳阁与池。
昨梦方游一千里，梅园可时盛春时？

五律·江上遇友人

昨日方离别，今宵又话春。
天涯千里地，近尺眼前人。
心远催文炼，气沉防志沦。
君观岱宗树，何止百年轮。

其中《江上遇友人》是写给蔡慕伦的。当时我们一起在学写诗词，又同在长江航运局不同的驳船上劳动。驳船的流动性很强，运行时往往 3—6 只编成一队，由动力拖船拉动，因此会在编队时分分合合。这是在第二次意外遇到时写的彼此鼓励的诗，记得他也有一首和诗回答，可惜后来找不到了。当时希望大家都能争取到一个美好的未来，并为之而奋斗。由于不知道毕业分配的趋向，难免有些浮躁心情，自我鼓励要“心远”、“气沉”，现在看来似乎有点早熟，过于老成了，不过当时确实是这样想的。后来我与他同分配在长征农场，同一个大队，住在同一个寝室，斜对着上下铺。我们又在 1972 年底同时离开崇明岛，同分配在交通部第三航务工程局工作，岂非命中注定？1980 年我被派遣到美国哥伦比亚大学读博士，他不久也从香港辗转来美国发展。现在美国开了一家旅行社，在华人同行中是首屈一指的。2007

年，也就是在长江“游学”四十年后，他邀请我去西藏旅游，我们从西宁由青藏铁路入拉萨。我们都已是年届花甲了，感慨万分，我又写了一首《江城子》以作纪念。

江城子

车驰青藏上天梁，雪峰昂，隼鹰翔。碧空如画，欢乐跳羚羊。四十五年多少事，明月夜，又同窗。

青灯孤馆说行藏，近夕阳，又何妨。人生百岁，当会射天狼。君不见定军斩敌，身矫健，比周郎。

这里“青灯孤馆”取自苏轼的《沁园春·赴密州早行，马上寄子由》；定军斩敌指黄忠。

在这段游学的日子里，“无产阶级文化大革命”仍在热火朝天地推进着。中央和地方都出现了一些严重的事件。如 1968 年 3 月 24 日林彪及中央文革成员在人民大会堂接见在京解放军团以上干部，林彪宣布了“杨、余、傅事件”；深夜 1 点多，毛泽东前来接见全体代表。三日后，林彪又出席了在北京工人体育场召开的“粉碎二月逆流新反扑誓师大会”，并宣布黄永胜任总参谋长，温玉成任北京卫戍区司令。紧接着上海发生了“4·12 炮打张春桥”的事件，《文汇报》的核心组成员，联合了复旦大学、同济大学等著名高校学生，共同翻出了张春桥的老账：一是揭露出当年写文章攻击鲁迅先生的“狄克”就是张春桥，二是贴出了他的妻子文静是叛徒的大字报。张春桥紧急下令查封了这些材料的来源——上海图书馆徐家汇藏书楼；派人在复旦大学召开高校红卫兵代表大会，把炮打声势压下去；组织了对《文汇报》的核心组成员的批判。不久中央把张春桥接走，表明了中央的态度，这场“炮打”终于平静下来了。

我对这些事情似乎都很麻木，上层的换马对小老百姓好像关系不大。愉快的长江游学终于结束了，等待我的是四年半的农场生活。

第五章　崇明农工

壹

大规模的上山下乡运动是从老三届开始的，即 66、67、68 届的初中和高中学生，从 1968 年的 7 月份开始，这些人被动员去农村劳动。在毛泽东 1968 年 12 月下达“知识青年到农村去，接受贫下中农的再教育，很有必要”的指示之后，上海和全国各地一样，出现上山下乡高潮，“68、69 一片红”，凡 68 届、69 届毕业的中学生一律到农村去接受“再教育”。上海知青上山下乡的目的地很多，包括云南、贵州、内蒙古、黑龙江等地，通常是边远地区或经济较落后、条件较差的农村。运动初期还有一些“上农”即上海郊区农村如崇明、南汇、奉贤等地的名额，也允许自谋插队，即回自己乡下老家投亲插队，后来就是“外农”（外地农村）了。上山下乡从性质上讲又分为农场和插队。农场还算是国家经营的，条件相对好一些，饭基本上能够吃饱；插队则是到贫穷落后的农村，与当地农民同吃同住。学生普遍感到农村生活太艰苦，与当地农民的关系也远非融洽。有人做过统计，“文化大革命”中上山下乡的知识青年总人数高达 1600 万至 1700 万。约占城市人口的 10%。从中国历史看，如此规模的人口从城市迁移到农村也是罕见的。全国城市居民家庭中，几乎家家都与知识青年上山下乡有关，不是子女便是亲戚。

应该说有一小部分人是兴高采烈地去上山下乡的，他们是真心响应伟大领袖毛主席的号召，满怀豪情去的，“天高任鸟飞，海阔凭鱼跃”，接受贫下中农再教育，“脱胎换骨”。但大部分是无可奈何迁往农村的。那时，上海到处锣鼓喧天，可以看到一队队举着红旗、敲着锣鼓的造反派，欢送或动员知识青年上山下乡，一直搞到家门口。一次没有欢送、动员成功，就两次，两次不行就三次，无休无止。家长所在单位更是积极配合，子女不去的，先动员做通家长的工作。成分好的，领导会找家长反复宣传，再想不通的，可以回家不上班，想通为止。有些小问题的家长，单位里会不断提醒，要跟上“无产阶级文化大革命”的步伐，要紧跟伟大领袖毛主席，不要再犯错误，问题可以一般处理，也可以上纲上线。至于可教育好的子女，对家长就不是那么客气了，轻则训诫，重则批斗，坚决打击反动分子阻碍子女走革命道路的嚣张气焰，同时对其子女施加各种压力。总之，上山下乡是去也得去，不去也得去。唯一可逃避的途径是参军或病退，参军是要有些门路的，病退则必须经医院反复检查，证明不能（至少暂时不能）参加劳动。据说1978年初，邓小平在小范围内对此做出总结：“我们花了三百亿，买了三个不满意，知青不满意，家长不满意，农民也不满意。”该年底，全国知识青年上山下乡工作会议举行，会议决定调整政策。这一刻，知青回城的大潮已势不可挡。（参见王阳：《上山下乡——3个北京知青的轮回》京华时报2009年9月23日）

四十年后，人们还在讨论这场上山下乡运动的动机。从发出号召的毛泽东本人而言，他在50年代就主张知识分子要高高兴兴到农村去，农村是大有作为的，作为革命者和建设者必须了解农民，了解农村。这可能也是毛岸英从苏联回国后，毛泽东即把他送到农村的原因。自“文化大革命”发动以后，大量的中学生参加“造反”活动，游荡在社会上，中学停课，大学关门，经济停滞不前，工厂开工严重不足，自然也无需新劳力。如何解决这么多年轻人的就业问题呢？从当时的情况看，上山下乡是一个办法，至少是权益之计。让中学生去农村接受贫下中农的再教育，把城镇剩余劳动力转入农村，解决了就业问题，同时也化解了这么一大批中学生积压在校容易造成社会动荡不安的矛盾。上山下乡也结束了红卫兵运动，为早日结束“无产阶级文化大革命”提供了一个基础，尽管当时谁也没有料到这场“文化大革命”竟能持续十年之久。从现在的角度如何来评价这场上山下乡的运动呢？这是一个仁者见仁、智者见智的问题。我想，从积极的方面讲，知青个人通过上山下乡受到了锻炼，在身体、知识、阅历、意志、精神等方面都会有一定的收益，但错过了接受系统教育的最好时机，对人才的成长造成重大的损失。我认识不少同龄人，当时他们聪明、能干，但都被淹没在这场上山下乡运动之中，失望、颓废、混日子，十年以后磨尽了青春的锐气，也有的结婚生子在温饱线上过起小日子。即使 1977 年邓小平上台为知青提供了高考的机会，许多人已经承受不起了。老三届是一个典型，即使能回城，也是囊中空空如也，又没有什么技能特长，一切都得从头开始。我 25 岁有幸从崇明“上调”到上海的三航局做工人，除了十几块钱，就是一些旧衣服了。许多人从此要承担起家庭的责任，生儿育女，赡养老人。而上海，在张春桥极左思想的影响下，又把工人工资下降到36元，美其名曰“限制资产阶级法权”，号召“36元万岁”！我不知道他一个月拿多少工资，如何不与我们一起“36元万岁”。在改革年代的下岗潮中，老三届更是首当其冲，被工作单位裁减而失业，被迫下海或做些小生意，或与原单位签订协保后在外面找一份临时工作补贴生活，等等。如今这些人都已到了退休的年龄，真正在农村中悟出人生价值，发愤图强，后来能出类拔萃者实是少数。从国家来讲，教育的中断、人才的断层是一个事实。从个人来讲，上千万年轻人的青春被贻误，无数家庭被拆散，总不能算是和谐吧！有人分析上山下乡运动给农村带来的好处，是否有利于缩小三大差别，提高农村水平，给农村输入城市文明。我感觉缩小三大差别大概是说不上的，这种强制性的做法，不会带来如此正面的结果。倒是住在城里的父母怕子女在农村吃不饱、穿不暖，给孩子输送了吃的、用的，客观上加强了城市对农村的物质输送。知青并没有多少农业知识和农业技术，不能像现在的农技员那样指导农业生产，何况不少知青才十六七岁，在城里工作只有“童工”的名分，因此靠知青提高农业水平恐怕不是事实。应该承认，知青的城镇生活和落后地区的农村生活有很大的反差，相互必然会有影响。但知青分散插队，这种影响不会很大。倒是一些知青在农村担任了小学老师和扫盲班的志愿者，对农村基层文化水平的提高有相当的作用。我曾看到过一个统计资料，说1968－1976年间，中国的文盲率大幅下降，我想知青是功不可没的。

知青的生活是艰难的，在农场工作的知青尚能温饱，插队的知青就不是这么一回事了。我们这一代人都知道一个叫李庆霖的人，1972 年 12 月上书毛泽东，冒死直谏下乡知青们“无米之炊”的困境。在这封信里，李庆霖是这样叙述的：

“首先是分得的口粮年年不够吃，每一个年头里都要有半年或更多一些日子要跑回家吃黑市粮过日子……孩子终年参加农业劳动，不但口粮不够吃，而且从未见分红，没有一分钱的劳动收入，粮食吃光了，没有钱去再买，衣裤在劳动中磨破了，也没有钱去添置新的，病倒了，连请医生看病的钱都没有，其他如日常生活需用的开销，更是没钱支付。从 1969 年起直迄于今，孩子在山区务农以来，他的生活都得依靠家里支持……此外，从上山下乡的第一天起，直到现在，一度没有房子住宿，一直是借住当地贫下中农的房子。目前，房东要为自己的孩子办喜事，早已露出口音，要借房住的上山下乡知识青年另找住所，看来孩子在山区，不仅生活有问题，而且连个歇息的地方也成问题。”

李庆霖在信中还揭露了干部走后门把子女调回城的“阴暗面”，而自己则在“叫天不应，叫地不灵”的窘境中，大胆冒昧地“告御状”，发泄了“不怨天、不尤人，只怪我自己不争气”的愤慨。李庆霖原是福建莆田县一所中学的校长，1957 年被划为右派，下放到该县城郊公社下林村小学教书。因孩子上山下乡实在无法生活，李庆霖多方反映，层层上访，皆杳无音讯才铤而走险。在那个时候给伟大领袖写这样的话要有极大的勇气，冒极大的风险。不知这封信是如何转到毛泽东手里的，毛泽东居然还给李庆霖写了复信，并寄给 300 元“聊补无米之炊”，并表示“全国此类事甚多，容当统筹解决”。毛泽东的复信不仅救了李庆霖，还使全国上山下乡运动中存在的严重问题得到缓解，并改善了知青们的生活条件。紧接着中央发了文件，传达了毛泽东的指示，各地有关迫害、殴打、奸污知识青年的案件相继被揭露出来，并反映到中国最高层，周恩来、叶剑英震怒，指示要“杀一儆百，杀一儆千”，激烈的矛盾终于由此得到缓解。三四十年后，许多地方开办了知青展览馆、上山下乡运动纪念馆等，让知青回顾、反思自己的经历，一些知青还带着自己的子女一起去参观。有人说这是知青在回顾、体味人生，追寻具有积极意义的奋斗精神和人生价值，并以此教育自己的子女，我却不以为然，知青无疑希望自己的子女有独立奋斗的精神，但绝不会希望这段历史在子女身上重演，即使把自己的这段经历当作宝贵的精神财富，恐怕也是对既成事实的适应，不是唯一更不是最佳途径。从 1968 年大规模的上山下乡运动算起，已四十多年了，那段蹉跎岁月似乎已远离我们而去，但我却还会遇到如此梦境：同学们都离乡返城，剩下我和几个同学，要求我们坚持下去；或我的户口及各种人事关系还在崇明乡下，复旦大学当教授是临时的，还得回去；或我们还要被重新分配，我仍然被分配在乡下……惊醒时是一身冷汗。

66 届高中的分配方案要比后来的几届好，更没有李庆霖描述的惨境。大致是上工（上海工矿）35%，上农（上海郊县农村）50%，外工、外农（外地工矿和外地农村）加在一起是

15%，实施下来有10%左右的人病退，名额大都在外农、上农之中，我们当时的外农是黑龙江农场。我被分配到崇明县长征农场，当时管分配的老师为了使我起到崇明农场务农的表率作用，竟不惜把我吹捧成雷锋式的学生，实属可笑。另一个原因是我妹妹66届初中毕业也面临分配，我提出把妹妹分在工矿的要求，两所中学也达成协议，这在当时符合上海不成文的分配政策："一家二人毕业分配，一工一农或一上一外。"当然，这种土政策很快被"一片红"取代了。从我内心讲，并不惧怕去崇明务农，乃怀着年轻人充满希望的心。我曾私下跟同学讲，我们不会在农场里种一辈子田。当时正值"文化大革命"热火朝天的时候，这种希望实在是很渺茫……我们毕竟还要在农场度过漫长的岁月。

贰

1968年8月7日，是上海市卢湾区第一批上山下乡去崇明务农的学生们不会忘记的日子。大家拎着简单的行李集中在区少年宫，在锣鼓震天的热烈场面下被欢送上车，路经人民广场汇聚了更多的队伍，浩浩荡荡驶向轮船码头。

崇明岛地处长江口，属河口冲积岛，为我国第三大岛。全岛面积1200多平方公里，东西长80公里，南北宽13至18公里，三面环江，一面临海，有"长江门户，东海瀛洲"之称。崇明岛自唐朝武德年间设镇起，至今有1300多年的历史。公元705年（唐神龙元年）设崇明镇，元朝时曾升为崇明州，明朝改为崇明县，隶属苏州府，民国时期先后隶属南通和松江，新中国成立后属江苏南通专区，1958年改属上海。此后进行了大规模的围垦开沙，先后建立了新海农场、红星农场、前哨农场、跃进农场、长征农场、前进农场、东方红农场（长江农场）等。我去的是长征农场，也称合隆沙农场，在崇明岛的西北角，对岸是江苏启东。近百年来，崇明岛一直在往北长，长江北道沉积严重，在崇明岛与北岸之间，又出现了一些无名小沙，水浅的时候可以涉水上去。

轮船在南门港靠岸，码头上停满了农场来迎接知青的车子。我和同班的一些同学被分配在长征农场10队，汽车一路朝西朝北，经三沙洪水坝，很快就到了10队。10队是一个100人左右的生产大队，老职工中有很大部分也是知青，只是比我们早来农场。队里为了照顾我们新来的职工，把刚造好的职工家属结婚用房先分配给我们当集体宿舍住。我们同班7个同学分到一间房，大约二三十平方米，很像“文革”前大学生的宿舍，用的是双人叠床，有一张空余的床可以堆放大家的箱子，还有一张桌子可以放大家的饭碗、茶杯、热水瓶等物。整个职工家属用房大约有10间，连体成一排，我们学生占了一大半。我们被告知每月有18元的工资、45斤的定粮，就这样开始了新的集体生活。

10队共有8个生产小组和1个科学试验小组，以生产水稻和棉花为主业。每个小组大约有100余亩田（包括水稻田和棉花田)，配有1名生产组长和1名政治组长。生产组长负责每天的生产安排和组员的具体工作，由一位有生产经验的年长职工担任；政治组长则负责每天的政治学习和各项政治活动的进行。应该说第一年的农活还是比较轻松的，水稻是单季的，小麦似乎也很少需要管理，棉花因为土质的关系产量很高，好的地方亩产200斤以上。后来改成双季稻，一下子就添了许多工作量，“双抢”（8月份的抢收抢种）成了一年中最忙的时节，早出晚归是“双抢”这个季节农活的特征。对于我们来说，大部分农活都要从头学起，不仅要有力气，也要有巧劲，还要些技术，如水稻田进出水的管理，驾牛拖刮板平整水田等等。冬季原是一个空闲的季节，搓草绳、整修农具、平整土地，为来年的耕作做一些准备。但两年后农场开始了大规模的水利工程建设，“开河”成了冬季工作的主题，农闲变成了农忙。全农场的职工一起参加“开河”，由各大队分段包干，场面非常壮观，成千上万的人拥在河道两边，挖土的挖土，挑土的挑土。河道深处或遇到淤泥流沙还要靠传锹的流水作业方式，把淤泥或流沙从河底一直传到岸上，然后再抛到远处。由于没有任何机械帮助，全凭人力劳动，工地上人山人海，丝毫不比电影里宣传的镜头差，当然效率还是很低的。有时下雨天，为了抢工程，大家冒雨干活，既不能打伞，也没有雨衣，浑身上下搞得像个泥人。队里也会送些姜汤之类的来慰问一番。“开河”大概是农场里最辛苦的活，我们也不知道这样干对提高农作物的产量有多大的用处，背后戏称为“修地球”。

在生活上，我们要比插队落户的知青好得多，能够基本温饱，也没有李庆霖所说的那些麻烦。45 斤粮食应该说对大部分的男生也够了，而女生的粮票大多会有剩余，并且在农忙的时候还可以申请粮食补助。三顿饭都是食堂供应的，那时的菜要比现在便宜得多，三分钱一碗的青菜，七分钱一客的白菜肉丝（烂糊肉丝），一角钱一客的小肉，一角二分钱一块的红烧肉（一两）。饭票是十六两制的，一分钱一两，一角六分钱一斤；四两的大馒头要加一分钱，二两的小馒头加半分钱。我每天吃一斤七两：早饭五两（三两粥、二两饭混在一起），中午十两，晚上八两。菜金大约在二角多钱，这样一天下来大约四角多钱的伙食费。剩下的钱留着农忙时吃点心，或偶尔吃一顿好的，比如过节时食堂供应按重量买的蹄膀，还有就是回家的路费——那是必需的。18 元工资绝大部分下了肚子，恩格尔系数高得可以。一些胃口大的学生只好把工资全吃完了，等待外援——家里的补贴。我们 66 届高中是老大，当年 21 岁，66 届初中只有 18 岁，以后来的还有 16 岁、17 岁的，都处在长身体的时候，工作量一大，胃口就好。我们小组的最高纪录是一顿一斤六两粥，是一位长得人高马大的女孩创造的，现在的女孩听了一定瞠目结舌——这些粮食够吃上三天了，但当时确实如此。衣服永远是破旧的——至少男生如此。记得有一次要我上台表演一个什么节目，穿的就是打了一个大补丁的衣服，也没人异议，没人见笑，只是我心里自嘲为“瘪三演员”。当然每人也有一套稍好一些的“出客”衣裳，那是回上海用的，倘若大家穿着上班衣服一起回上海，别人一定以为是乞丐大迁移了！

在崇明务农的最大好处是可以常回家。除了场部的硬性规定之外，星期天我们是不休息的，把假日赚下来，积累起来回家用。只要在农活不太忙的时候，我们就可以请假回上海。包括春节在内，一年大约可以回家三四次，每次少则数天，多则半月。在农场休息实属无聊。队里有一名老职工，外号“老油氽”，每星期天都要求休息，他没有成家，据说也没有什么亲人。休息日他都会花上一个多小时急行军跑到十多里外的一家小饭店——这是离我们大队最近的饭店。小饭店只供应馄饨和一些点心。这位老职工心仪油炸大饺子，吃完后再急急赶回来。我们背后都笑他无聊，可是不久我们中有人也染上了这种无聊病，在场部规定的休息日也会结伴走到那家小饭店去弄点吃的，或者到别的大队、甚至别的农场毫无目的地去走走，也算是精神调节。记得有一个春天，我与一位同学花了两个小时走到庙镇去玩了一玩，因为没有公共交通，走的全是阡陌小路，感觉还挺不错，且当是踏青！

叁

农场的“无产阶级文化大革命”与城市或学校有着不同的节奏和形式。职工们每天准时上下班，在田里干活。每天一小时的政治学习大都是传达文件和宣读重要文章，也讲些国内外的重大新闻，似乎都流于形式，与本队的情况关系不大。偶尔也开全队大会，把已经揪出来的“牛鬼蛇神”批斗一下。每逢最高指示发表，队里组织职工们打着红旗，敲锣打鼓，在宅前宅后，或沿路绕附近的田地，或往场部的大道上游行一番，以表示我们对伟大领袖毛主席的忠心，表示誓将“无产阶级文化大革命”进行到底的决心，不管是晚上还是下雨，都得进行，没人有异议，也没人敢笑。

我们刚来不久，队里就召开过一次批斗大会，让我们知青认识一下队里的批斗对象。支部书记和队长都发表了激情的讲话，鼓励我们积极参加农场的“无产阶级文化大革命”，积极批斗这些反党反社会主义的坏人。记得当时推出了十来个“牛鬼蛇神”，控诉了他们反党反社会主义的滔天罪行。我却对其中二人的罪行迷惑不解，当然也不敢问，只是放在心里。一个叫黄卓的40多岁的人，说他新中国成立前混进革命队伍，一贯仇视共产党，辱骂共产党，是历史反革命。五七年反右，更是猖狂向党进攻，恶毒反苏，反动言论累累。以后一直不思悔改，直至“文化大革命”，还散布反党言论。这次被大伙儿揪出来，是现行反革命。至于反党言论属于“防扩散材料”，不能公开，所以大家也不知道他究竟说了一些什么。当时我想，既然新中国成立前就混进革命队伍，也没有说他是叛徒、特务，怎么说他是历史反革命呢？一贯攻击共产党怎么现在才揪出来呢？究竟又说了一些什么呢？“文革”后一位农场的朋友告诉我，黄卓彻底给平反了，什么事也没有，还算是个老革命，享受离休干部待遇。不管怎么说，他当时还是吃了不少苦。另一个叫王荣昌，是我们同一个生产小组的。当时党支部书记在大会上厉声说，这个人是国民党少将，是国民党残渣余孽，埋得很深，这次革命群众把他揪出来了，暴露在光天化日之下，他曾经指挥、参加涟水战役，打过共产党，还结识过汪精卫的老婆陈璧君，罪恶累累。我愕然不已。王荣昌才38岁，涟水战役是在1947年，推算下来他才十六七岁，如何成了国民党少将呢？汪精卫的老婆抗战胜利后就被捕入狱，如何与她结识呢？后来我当了小组的政治组长，王荣昌向我陈述了实情：自己父母双亡，随亲戚长大，那时兵荒马乱，十三四岁就给国民党拉壮丁拉到部队里去了。营长看他太小，不能上阵打仗，又长得灵活可爱，就留在身边当勤务兵侍候自己。后来长大了一些，又当了传令兵，始终没有上阵打过仗。涟水战役时，他所在的部队被陈毅的山东野战军打得落花流水，溃不成军。他跟着营长一路逃到涟水河边，心想无路可逃，不料河对面开来国民党74师，搭建浮桥，让败兵逃过，还问他们后面还有没有国民党的溃兵。等败兵全部逃过，74师合拢阵地，从浮桥上反攻过去。他看到74师的气势羡慕不已，给别人讲了一些赞美74师的话，这就是被揪出来的原因。至于如何变成国民党少将，他自己也搞不清楚。电影《红日》中，舒适先生扮演的张灵甫十分有气度，威严而又有智慧。一些人认为演过头了，美化了敌人，丑化了解放军。山东野战军用好几倍的兵力与张灵甫斗，岂不抬高了敌人。旋后又开展了对电影《红日》的批判，记得有一位参加过孟良崮战役的解放军团长，后来转业在地方上当领导，因说了一句“74师实际上比《红日》里描写的还厉害”，直到“文化大革命”还在受批判。事实上74师渡过涟水，反击山东野战军，陈毅、粟裕的部队退到孟良崮山区，反而将74师全歼。至于王荣昌与陈璧君结识的事，纯属乌有。抗战胜利后，王荣昌跟着一群国民党军的残伤员在苏州看白戏，别人告诉他陈璧君曾在戏院附近的一座房子里住过，王与别人说过这段经历，不知怎的就变成“结识陈璧君”了。事实上王荣昌所在的部队后来投诚了共产党，王当了解放军战士，还做过解放军空军的地勤人员。复员后在梅林罐头厂干了一段时间，当过干部，以后又有过一些机会都没有抓住，最后只能到崇明农场混饭吃。他自己总结说，因为少年无知，工作吊儿郎当，又喜欢吹，才落得个被批斗的下场，但事情全然是冤枉的。我相信他的话，他在我们6组也没有吃多少苦，只是每次在大队布置的批斗会上吆喝他几句。后来说平反，也是不了了之。我们知青“上调”后，他好像又到场部当了一个什么官，大概算是落实政策给些补偿吧！在讲阶级斗争的年代，生产队里老人又少，大部分是知青，总要弄几个阶级敌人，我想这是主要原因。当年被批斗的“牛鬼蛇神”以及后来揪出来的“阶级敌人”都或平反或不了了之，没有一个被定为反革命的。

我们这批学生进入农场后，大部分人对政治已很少有什么兴趣了，关心的是如何应对眼前的困境。从1968年起，北京还是发生了不少大事情。政治上的大事对农场的政治运动除了学习文件之外，似乎并没有什么影响，只有两件不算太大的具体事情产生了反响：

一是1969年夏秋之际，“贫下中农毛泽东思想宣传队”（简称“贫宣队”）进驻农场，参与领导农场的“无产阶级文化大革命”，10 队也进驻了一些人。“贫宣队”大都是一些老实巴交的老农民，场面上的话也不太会说，他们都是崇明本地人，说着浓厚的崇明话。他们与我们知青接触不多，农业生产挺内行，干活很利索。不久队里有人认出有一位“贫宣队”队员以前常在南门港踏“二等车”，所谓“二等车”就是一辆较为结实的自行车，在其后面的架子上装一块厚实的木板，供人乘坐。因为当时南门港到各农场的交通不方便，公共汽车班次少、间隔长，晚上又早早收场，而到南门港的船只却常因为有风、有潮的缘故要误点，这样知青上了岸就无法回农场了，“二等车”于是就发挥了作用，只要谈妥价钱，就可以方便到家，对我们说是一大便利。南门港附近的农民在工余农闲时，也就出来赚些“外快”补贴生活。此外，附近一个生产队也有人认出驻在他们那里的一名“贫宣队”队员常在南门港卖乌小蟹。乌小蟹即崇明蟹，是本地的特产，秋风一刮，在各处水闸口、河道口很容易捉到，蟹小肉实，味道尚佳。我们回上海，路经南门港常常遇到当地农民叫卖乌小蟹，一串一串的，才二三角钱一串。最上面的一只个头最大，第二只便小了一些，如此排序。当地有俗语说：“崇明乌小蟹，一蟹不如一蟹”，就是指一串蟹中下面一个不如上面一个。其实农民利用空闲时间踏“二等车”、卖乌小蟹，赚一些钱改善生活，也无可厚非，但在当时却严重影响了“贫宣队”的威信。他们领导我们斗、批、改，要我们斗私批修，走社会主义道路，限制资产阶级法权，割资本主义尾巴，宣传的是张春桥的“宁长社会主义的草，不要资本主义的苗”，踏车卖蟹显然有违原则。

我对“贫宣队”进驻国营农场也一直不理解。我们是国营农场的生产工人，应属于工人阶级，工人阶级才是领导阶级。说我们知青参加工作时间短没有资格吧，那么老职工确实干了许多年了，有些人在围垦时就来了，他们总应该算工人阶级吧！要说无产阶级，我们大概是够格的，我们几乎已经一贫如洗了！

二是清理阶级队伍，深挖埋藏的阶级敌人、反革命分子、国民党残渣余孽等等。1970 年到 1971 年间，上级还派了一个政治工作小分队来我队，领导和指导此项工作。小分队仅十来个人，为首的是一位学生模样的女同志，年龄和我们差不多，梳着两条小辫子，看上去很纤弱。队里开展了揭发阶级敌人的运动，经过相互揭发，“挖出”了一批新的反革命分子。我们 6 组的生产组长周某，是个 40 出头的老职工，经历相对复杂一些，平时爱对知青评头论足，说东道西，讲一些庸俗话。大队长听说后很生气，说了一句“坏人当道，好人受气”，小分队进驻后进行了调查。谁知与他同宿舍的两个职工却揭发出他更为严重的罪行。一件是诬蔑伟大领袖毛主席，说毛主席整彭德怀是报复，因为他儿子死于朝鲜战场。另一件是诬蔑林副统帅，某天晚上生产队的喇叭里播放林副统帅的讲话，周某却说“文化大革命已经死了许多人，林彪又在那里鬼叫了！”这两条当时实打实够得上反革命罪。周某被撤职、勒令检查、接受批斗。周某是绍兴人，门槛精①是

---

① 苏州、上海方言。比喻办事精明周到，精打细算，总不会吃亏的人——编者注。

队里出名的，别人背后都叫他“绍兴师爷”，这一下子可乱了方寸。周某招认了三件小分队并未掌握的事情：第一件是刚解放时，伙同一个同乡投奔土匪，阴错阳差，伙伴加入了土匪，周某却失散了。入匪无门，只好回家。后来解放军剿灭了这股土匪，周某的同伴被擒，1970 年还关在某地的监狱里。第二件是年轻时在外地打工，与人姘居。周某已有妻室，对方也是有夫之妇。第三件是曾偷过成批的布匹，都卖掉了，搞到不少钱。小分队就第一件事进行了调查，在监狱里找到了周某的那个土匪同乡，证明了周某虽有入匪之心却无入匪之实。后两件无从查起，只好凭周某口供。可见周某还算老实。给周某定性时没有戴上反革命分子的帽子，作为犯有严重错误的人，当人民内部矛盾处理了。

肆

毕竟是在农场度过了青春年华的一部分，虽然没有像大学生那样意气风发、活泼上进的校园生活，却也“满园春色关不住”，洋溢出青春的气息。从 66 届高中到 66 届初中，年龄相差不过 3 岁。10 队的新职工大都来自卢湾区的中学，除了我们东风中学以外，还有向明、比乐、卢湾等中学。在劳动中，特别是平行作业如除草、摘棉花时可以一字排开，也可以三三两两地谈天说地，除了一些敏感的政治话题，从中国哲学、历史地理、外国文学、伟人传记、文艺作品，一直到革命样板戏，几乎无所不谈。好像仍然在学校里交流一般，大家无所顾忌，畅所欲言，朴实无华，团结友爱。曾有人对我说，这是一生中可以打开心扉说话的最后阶段。我很理解他，是共同的命运，把这一张张刚开始画轮廓的“白纸”连成一片，构成了一个共同的基础。也有人批判说这是小资产阶级的情调，是学生还没有在工农兵中改造好的表现——不过这只是“无产阶级文化大革命”的语言。四十年后，我们这一代人大部分退休了，偶尔遇到当时的知青，不管以前在农场认识不认识，也不管是不是来自同一个农场，总感到很亲切，有话要说。白居易说“同是天涯沦落人，相逢何必曾相识”，我们虽然说不上沦落天涯，但是有着差不多的人生经历。

我相信我们中大部分人都不会甘心在农村或农场里干一辈子。一个20岁初入社会的年轻人，好奇乐观，异想多梦，乃是主流。内心怀有憧憬，而不顾事实上的种种挫折，这大概也是年轻人的可爱之处吧！刘欢唱的一首流行歌曲中有这样一句歌词：“心若在，梦就在。”对一个人的成功而言，希望、机会、努力是不能缺一的。机会不会轻易而来，更不要随意放弃。机会固然可以创造，但需要一些特殊的环境条件，又谈何容易！当一个人无法实现自己的理想，无法施展自己的抱负，无法按照自己的方式生活，而又无法争抗时，他唯一正确的选择应该是适应环境，进而创造机会，而不是怨怒、泄愤，更不能颓废、自卑。要学会在逆境下生存的本领，仍应充满希望，并为实现梦想尽可能做些准备工作——当然，这只是现在的说法，在那个热火朝天的“无产阶级文化大革命”年代，谁也不会想到邓小平还会复出，还会领导中国人民走上改革开放、繁荣富强的道路。

我的读书是纯粹的兴趣。同学们至今还在嘲笑我当年带到崇明去放在床底下的一只铁皮箱，以及床沿边叠放的一排占了20%床位的书。在崇明的四年多里，我自学了大学数学系的课程和一部分物理系的课程。在这种无师无友的封闭状态下，只能是自以为是地学习。后来在复旦大学念硕士的时候，才发觉不少东西没有学深学透，有些东西甚至还没有读懂。当时有人问我，念数学、物理有什么用呢？我只好淡淡一笑，任何解释都是苍白的。我真也说不上有什么用，好比别人聊天说笑，都说不出名堂。不过我倒还有几件得意之作：第一件是1969年4月24日我国发射了第一颗人造卫星，公报指出：人造卫星的远地点为2384公里，近地点为439公里，周期为114分钟。我根据远地点、近地点的这两个数据，并粗略认为地球是半径R=6370公里的圆球，利用理论力学的知识，就可简单地推算出周期T=6840秒=114分，与公报数据相符。不仅如此，我还算出：人造卫星一周的总行程为48730公里，起飞离地球的速度是8.586公里/秒，近地点的速度为8.105公里/秒，远地点的速度为6.305公里/秒，全程平均速度（一周内）为7.124公里/秒。周围的人为之愕然。我解释说，只要懂一点理论力学的知识，这是很好算的。第二件是我们整个小组二三十人竟然没有人有手表，可见大家都穷得可以。在田间劳作中午11点30分收工下班，全凭组长对时间的判断，或者看到附近田里劳作的其他小组下班了，才下令收工，有时会有较大的偏差。我突发奇想，回忆起书中看到过的日晷，心想古人立竿见影，只要出太阳，就能判断时间。我计算了地、日运动，制作了一个简单的测量工具，有两个同心圆盘构成，内圆周边标有 24 个节气以及节气之间更精细的格子，内圆内部画了一些时间变化的曲线，内圆可以绕圆心转动，外圆要求水平固定，圆心处有一个垂直于同心圆平面的针。这样，根据节气和针的影长就可以知道现在是什么时候了。试了几次觉得很灵，就用于田头。在田里竖起一根竿子（也可以用锄头柄等代替），我事先告诉大家当日影是竿子的多少比率时就是 11 点 30 分，这一招果然还很准。我自己也很得意，数学还是有一点用的。

我的另一个爱好是中国古典诗词，到了崇明之后，因为是集体宿舍生活，这项爱好就转入“地下”，连平时亲密相好的同学和朋友也不知道，生怕一旦“暴露”，会被列入批斗对象的行列。在那个年头，造反派可以随意断章取义、张冠李戴、混淆概念，把别人的文章扣上“反动作品”的帽子，哪怕是李白、杜甫的诗也可以诠释成“反党反社会主义”的大毒草。但写诗词毕竟是一件愉快的事，按现在的说法就是“偷着乐”了。

10 队的北面有一条长堤，连绵不断，我们称之为北大堤，原是围垦时防江水倒灌所筑，现在成了我们晚饭后散步的佳处，特别是夏天的晚上。偶尔也会碰到有人在堤上谈恋爱，我们称之为“压路机”。我们也会清早去北大堤，对着江水大声唱歌，甚至吼叫，大概也是一种青春发泄吧！北大堤一带我 1963 年念中学时就来过，那是参加三秋劳动，堤内堤外都是一片荒凉景象，少有人烟。经过数年开垦，在北大堤内形成了一大片棉花田，而且棉花长势非凡，令人惊讶。有一天晚上我独自在北大堤散步，明月当头，众星暗淡，遐想起月中广寒宫前的桂花树被吴刚砍了，立即会再生，而再生后的桂花树又被吴刚砍了，如此反复，究竟是桂花树厉害呢还是吴刚厉害呢？我是站在吴刚一边的。从逻辑上讲应该是对称的，投吴刚的票是因为赞扬人力可为之。触景生情，当时写下了一首七绝，也表达了对前途的信心：

七绝 · 月夜

蛩唱露光棉羞眠，原曾鹭雀水沙边。
人言月桂多奇术，我信吴刚刀斧坚。

北大堤与对岸之间有一个无名小岛，岛上长满了芦苇，经常有鸟群在那里栖息，退潮时可以涉水上岛，水刚没过膝盖。1969年4月的一个傍晚，那天阴历正好二月廿八，有句俗话说“二月廿八老和尚过江——大风大浪”，那个傍晚却是满天的红霞，十分灿丽。太阳西偏画出了一幅七彩油画，一阵风起，惊起岛上栖身的鸟儿，直冲云天。我们几个知青涉水上岛，一面高歌，一面回眸长堤。长堤像一条龙，蜿蜒奔腾，又像是一道雄关，阻击水怪的侵袭。我们在水中走，仿佛与鱼为伴。古代有人断言：鱼在水中自由地游，一定是很愉快的。又有人反诘：你不是鱼，你怎么知道愉快不愉快呢？而我们此刻似乎正在体会游鱼的感觉。我又遐想：如果真有老和尚从北岸浮水过来，或者飞过来——如达摩祖师一苇渡江，那么他看到的将是什么呢？北大堤内正好有一个稻谷堆场和一个棉花仓库，他看到的将是丰收了的棉花和水稻。情不能已，当时填下了《西江月》一词：

西江月·登无名沙洲

锦羽横穿七彩，晚霞红透三吴，长堤畅展侣游鱼，雄曲回旋古宇。

我欲将江南去，一挥黄砾残芦，相逢老衲问程途，笑指银云金库。

那天半夜果然变天，狂风大作，暴雨倾盆，我不知道老和尚来了没有。总之，北大堤给我带来的是愉悦的心情。在北大堤上散步，好比投入了大自然的怀抱，新鲜的空气，爽目的江景，自由的鸟群，随风的芦苇；又好比进入了自我的世界，周围是一片空旷，没有忧虑，没有烦恼，没有宠辱；又是憧憬未来的地方，会浮想联翩，看白云苍狗，看东流江水西上潮，看严冬的肃杀，看新春的盎然。将来会怎样呢？这是一个想回答、必须回答、而又不能回答的问题。

辛苦了一段时间，回上海调整一下，是我们当时最现实的，也是最高的愿望。与家人团聚，一起吃饭，与留上海的同学朋友聊聊天、打打桥牌，应该不能算是奢侈，也是对我们的精神安抚。回崇明的时候又带回外援补给品：炒麦粉、麦乳精、家庭自制的装在大口瓶里的红烧肉和红烧蛋，还有各类小菜和零食。不仅自己带，还帮同寝室的人带。我们有一条不成文的规矩，家里来的东西总要先给同寝室的人尝尝，然后才能自个儿独享。有一次我帮一位要好同学从他家里带来了一大瓶红烧肉。当时我们正在谈论唐诗，说起白居易的诗用字简朴、寓意深刻、流传广、影响大。他知道我的记性不错，大概想考考我，提出与我背长诗打赌：限半小时背 40 句唐诗，若我背出，整瓶红烧肉就归我所有。对我而言，这是无本的买卖。他顺手翻出白居易的《长恨歌》，怕我前面已熟读，选择从“临邛道士鸿都客，能以精诚致魂魄”开始，到“临别殷勤重寄词，词中有誓两心知”共 40 句，要求错字不能超过 3 个。其实这段诗以前我也读过，只是没有背诵过。半个小时后，我背了一遍，周围的人都很吃惊，我那个要好同学只好说我错了 4 个字，整瓶红烧肉仍不能归我。不过他还是挑了一块最大的红烧肉给我吃，我很得意。

那时崇明的生态环境还是不错的。蓝天白云自不必说，鸟群也不少，白鹭（长脚鹭丝）会光顾水稻田。老职工说附近可以打到野鸡、野鸭。在水稻田里走，特别是刚来的那一年耘田时脚下常会踩到螃蟹，还有小鱼之类。蟹抓得多了，可以到老职工家里的灶头上蒸着吃，一直吃到舌头碎①。有人会做一个简单的工具专钓甲鱼，抓虾也有特别的方法。但三四年后光景不在了，大量农药的使用迅速地破坏了生态平衡。不仅水稻田里的蟹不见了，南门港的乌小蟹也难得有卖了。2008 年年底听说崇明岛发展的方向是生态岛，这是一件大好事。等环境全破坏了再整治，一定是得不偿失的。

---

① 江南俗语：舌面溃破。

伍

母亲不幸于1972年6月15日去世，享年53岁，阴历恰好是端午节。

母亲是我的第一位老师，她正直、善良、勇敢、仁慈的性格深深地影响了我，影响了每一个子女。如果说父亲是家庭的经济支柱，那么母亲就是家庭的组织者和情感思想交流的枢纽。每当家庭遭受到困难的时候，她会第一个挺身而出，维护家庭渡过难关。母亲患的是结肠癌，1970年发现时，开刀切除了癌体，但已不算早期。两年后复发，医生就没有办法了。最后一段日子是在家里度过的，父亲和我们孩子们都沉浸在忧虑和忙碌之中。中西医结合的疗法并没有能祛除病魔，母亲还是一天天虚弱下去。精神好的时候，她还常常翻阅枕旁的一本没有被抄走的唐人诗集。我们并没有告诉母亲真实的病情，但她的眼睛却告诉我她已经知道了一切。她不止一次地和我说："我生病期间，你们六个孩子都很好，都尽力了。"做医生的小舅妈摔坏了脚，每天拐着脚来给母亲打吊针，让我们全家感动不已。这是一段痛苦的、不堪回忆的往事。这里只把当年我在追悼会上讲的话抄录在下面：

亲爱的妈妈，安息吧！您无微不至地关怀我们，您为我们孩子操劳了一生。为我们的前途、幸福和生活，您呕心沥血。您是那么的慈祥，温暖了我们每个孩子的心。但是，现在再也听不到您关切的声音，再也看不到您安详的笑容！在您去世的那一天，您躺在爸爸的手臂上，安静地长眠了。爸爸大声地叫喊着您的名字，我们六个孩子也大声地呼叫着，妈妈！妈妈！您不应我们了。

亲爱的妈妈，您一生勤勤恳恳，吃苦耐劳，却把最好的东西省给我们，“谁言寸草心，报得三春晖”，我们怎么能报得了您对我们的恩情呢？

亲爱的妈妈，您哺育我们，教育我们，忠于党，忠于毛主席。您使我们成为正直的人，有教养的人。您为我们做出了典范，您那顽强而勤劳的性格给我们留下了不可磨灭的印象。我们兄弟姐妹一定会遵照您的嘱咐的：团结一致，互助互援。放心吧！安息吧！

亲爱的妈妈，在您患病的日子里，您还带病参加里弄的政治学习，参加批判林陈反党集团的革命运动。您还是牵挂着我们，每当我们夜里为您烧点心的时候，每当我们在您身旁看护您的时候，您总是把我们推开，要我们休息，要我们睡觉。您始终抱着战胜疾病的信心。我们知道，您是多么的留恋我们呵！我们知道您又是多么不愿意离开这幸福的人间、美好的家。但是我们没有能挽救您。您把我们培养成人，但您却看不到我们将来为社会主义事业添砖加瓦的时候，看不到我们为人类谋福利的日子，看不到我们为国家争名争光的时刻呀！

亲爱的妈妈，我们绝不辜负您的期望，我们会努力向前的，我们会发愤图强的。

和我们生活在一起的人，都会感到妈妈是一个宽厚的人，仁慈的人。今天大家远路来看她，如果她还有知觉的话，她一定会感谢大家的。亲爱的妈妈，就让我来转达吧：谢谢各位同志，各位亲友！

亲爱的妈妈，安息吧！亲爱的妈妈！

母亲是一个乐于给人帮助而不思回报的人，对于子女更是如此，她给我们的爱是无私的。“文革”前一年冬天她生日那天，我在早晨上学前拿了一只锅子，用自己的零用钱到附近一家有名的点心店“四如春”，给她买了一碗排骨面再加了一块排骨。她一面接过锅子说“妈妈怎么吃得了呢”，一面却已热泪盈眶了。这一幕永远留在我的脑海之中。她病重时，我们六个孩子都没有成家，最小的妹妹才 14 岁。在“文革”的环境下，上学读书无望，她却很希望我们能学些本领，将来能自立。她着急地说：“没有知识，没有技术，文化水平又低，将来怎么办呢？”“文革”开始时最小的弟弟和最小的妹妹都在念小学，不久小学也停课了。有一段时间，“文革”形势稍缓和了一些，在母亲的建议下，父亲召集了弟妹们教他们中学语文，记得有《桃花源记》等。“文革”之后，1977 年我考取了复旦大学数学研究所硕士生。三弟（67 届初中）考取了中央音乐学院音乐理论系本科，他现在中央音乐学院当教授、博导。二弟和四弟后来当上了工程师、高级工程师。大妹妹原是游泳运动员，66 届初中毕业分配在一家工厂里，现在是国家级游泳裁判。小妹妹成了一名幼教老师（当年还是上海第一批横渡长江的最小年龄者）——这一切母亲都没有能看到。她带着我们一起渡过了最艰难的岁月，却没有能与我们分享幸福的日子。我是一个无神论者，不相信天堂相会之说，除了遵循她的教诲做人办事之外，再也没有报答母亲恩德的机会了——这只能成为我永远的痛。

父亲和母亲的感情一向很好，他们是大学的同学，毕业结婚后，母亲为了养育孩子一直没有去工作。母亲生病时父亲竭尽全力照料母亲，母亲病故后的一段时间，父亲失魂落魄一般，老是说他自己“没有地方放”。父亲为了纪念母亲，还写了两首七律，装上了镜框，挂在床上方的墙上：

悼念蓉龄

比翼双飞三十年，满枝绿叶和琴弦，
拔钗为帛繁霜鬓，搜箧补衣磨病肩。
喜共黄昏能偕老，恨逢残月不团圆，
夜来梦别啼难唤，惆怅蓬山路万千。

蓉逝周年

意兴阑珊百事疲，风动苍落吊君期，
宓妃遗枕魏王泣，韦氏展眉元稹思。
半夜巾濡泪无数，残宵被冷梦依稀，
浮云往事万千朵，今日无痕独自悲。

父亲敬佩的诗人是唐朝的元稹，曾跟我解释过“曾经沧海难为水，除却巫山不是云”那首诗。而在上面的两首诗中，几个地方借用了元稹的典故，把母亲比作元稹的夫人韦蕙丛，而把自己比作了元稹。

元稹，河南洛阳人，早年家贫。唐宪宗时任左拾遗、监察御史。唐穆宗时曾短期出任过宰相，后任武昌军节度使，死于任所。元稹与白居易为密友，世称“元白”。两人的文学观点相近，都提倡和实践新乐府诗的创作。元稹是中唐时期的大才子。《旧唐书》记载，唐穆宗为太子时，周围的那些女性经常诵读元稹的诗歌，并谱曲传唱；穆宗大为叹赏，称其为“元才子”。白居易也称赞他“仪形美丈夫”。此外，元稹还擅长书法，精通声律，是当时的大明星。据考证，《会真记》是元稹初恋的自叙，“莺莺”的原型就是元稹后来诗中经常提到的双文，是他的姨表亲。“莺莺”“颜色艳异，光辉动人”，使得元稹一连几天“行忘止，食忘饱”。“莺莺”还是一位才女，“待月西厢下，迎风户半开，拂墙花影动，疑是玉人来”，如今还是一首美丽的爱情诗。元稹在二十年后，写了著名的《春晓》回忆当年的真情：“半是天明半未明，睡闻花气醉闻莺，娃儿撼起钟声动，二十年前晓寺情。”这段恋情维持了一年。后来元稹赴长安考试，攀上了京兆尹韦夏卿，与其女儿韦蕙丛结为夫妻。只是在后来的诗中还想到“莺莺”，毕竟初恋难忘。不幸的是京兆尹韦夏卿不久就去世了，作为九品官的校书郎，元稹在经济上极为窘迫，是他一生中最穷困的七年。妻子虽然来自权贵家庭，却没有一点小姐架子，尽心尽力为丈夫操持好这个家。韦氏为元稹生过五个孩子，元和四年，韦氏病重，只有 26 岁。元稹却有机会受到朝廷的提拔，自请出使东川。韦氏独自卧病在床，愁云惨淡，不久撒手人寰。元稹写了三首《遣悲怀》纪念亡妻，实是感人，移录如下：

其一

谢公最小偏怜女，自家黔娄百事乖。
顾我无衣搜荩箧，泥他沽酒拔金簪。
野蔬充膳甘长藿，落叶添薪仰古槐。
今日俸钱过十万，与君营奠复营斋。

其二

昔日戏言身后事，今朝都到眼前来。
衣裳已施行看尽，针线尤存未忍开。
尚想旧情怜婢仆，也曾因梦送钱财。
诚知此恨人人有，贫贱夫妻百事哀。

其三

闲坐悲君亦自悲，百年都是几多时。
邓攸无子寻知命，潘岳悼亡犹费词。
同穴窅冥何所望？他生缘会更难期。
惟将终夜长开眼，报答平生未展眉。

元稹在东川又钟情上了才女薛涛，即“薛涛笺”的发明人。薛涛长元稹 11 岁，两人在成都共度了一年美好时光，元稹最终还是离她而去。薛涛存诗中有“闺阁不知戎马事，月高还上望夫楼”之句，元稹也有“别后相思隔烟水，菖蒲花发五云高”的回赠，可见情笃。元稹最后又娶了裴淑。元稹出镇武昌，作《赠柔之》有“嫁得浮云婿，相随就是家”之句，裴氏夫人答以“不是悲殊命，唯愁别是亲”。可见二人也是夫唱妇随、真心相爱的。元稹就是这么一个人，对每一个相遇的女子都付出了真情，说是把前面的忘了，却又是回味无穷，是多情也是薄情。元稹大概是我国古代诗人中绯闻最多的，人们普遍认为他诗歌上佳，人品却不怎么的。陈寅恪说：“综其一生行迹，巧宦固不待言，而巧婚尤可恶也。”

九年后，父亲经人介绍认识了我现在的继母，两年后结了婚。于理而言，找个归宿，可以互相照应，也没有什么不妥。当时我还在美国读书，弟妹们的反对，是出于对母亲的感情。父亲说是“可遇而不可求”，只是与母亲这段相思情缘画上了句号。后来父亲又与继母去境外定居。我很想写一首诗讽刺元稹，但始终没有写成。

陆

1971 年，农场传来了要选拔优秀知青上大学的好消息。对于知青而言，这是第一个能离开农场的机会，这就是所谓的工农兵大学生。中央政府把新生的名额分配给各部、各省和部队，再由它们逐级向下分配。据报道：在1970年，只有不到1%的中国人受过高等教育，而大学的录取名额在中国的许多地方不到适龄青年的千分之一。由于僧多粥少，一些地方和单位在推荐过程中由于裙带关系而腐败变质。70%通过推荐上大学的学生是干部子女或者有政治背景的。明眼人一看就知道，入学门槛低，所谓优秀又无标准，全凭领导推荐，名额最终当然归属那些有权势人士的子女。开后门还得看谁的后门硬，外人除了被作为“花瓶”宣传之外，不会有什么希望。果然，大队部宣传了一番，热闹了一阵，就没有声音了，也没有下文。我们都明白这个机会不属于我们。

不久又开始招募警察，在职工中选拔一些表现好、品德好、身体好、家庭成分较好的，经过培训，在上海市区当交通警察（就是后来被称为崇明警察的那一批）。这还是有一定标准的，如近视眼就不合格。我的一位同学中了彩，我们都去祝贺他。一年后他被分配在闹市区的红房子西餐馆门口指挥交通。由于常有喝醉酒的人在红房子西餐馆吵闹滋事，要借他的虎皮压一压；运货车也要在门口违章停车，得求助于他；再加上我的那位同学为人正派，人缘又好，红房子的职工跟他都很融洽。有一次我们十几个人到红房子吃饭，也拉了他去。厨师特地做了一大盆色拉，大概有12—15人的份，反而来问他价钱。他随口说3块钱，厨师连忙诺诺，我们大笑。直到现在，碰到他，还要笑他当年是

369 警察（369 警察原是在滑稽戏《七十二家房客》中专门敲诈百姓钱财的警察）。后来他又当了警官，在处长的位置上退休，作为公务员有一份丰厚的退休工资，也是我们中的佼佼者。

接着又是从高中生中选拔一部分人到师范大学进修两年，充实中学教师的不足，主要是体育教师、画图教师和音乐教师。我们队里也去了几个。至此，调离农场的门似乎打开了，不过还没有我的分。回想 1970 年的春天，我曾经写过一首《七绝·春》:

七绝·春

冰霜渐逝旧年窗，耕读期求好事双。
昨报春锋破湘浙，桃花一夜渡西江。

那时因为我喜欢读书学习引起了非议，有人认为我还不死心，还想出人头地，我心中不快。崇明岛在长江中，我多么希望春天的来临，希望桃花一夜渡过长江，让我们这些青年看到美好的前景。

机会似乎来临了。1971 年底，大规模地把知青调离农场回城工作，包括老职工中的知青，终于开启了“上调”之门。从大形势讲，68、69、70、71 几届中学毕业生都要务农，给农村、农场造成了很大的压力。吃的、住的都要成倍地增加，在短时间内不易解决，特别是住房问题。农场的负担从整体上讲在迅速增加，人均土地却越来越少。另一方面，“无产阶级文化大革命”进入了“抓革命、促生产”的阶段，而工矿企业自 1966 年起基本上没有或者很少增加工人，特别是一些底层的工种，缺乏劳动力。如果把新毕业的学生直接分到工矿企业，又有违毛主席的指示和前几年的工作原则，因此采用了这种交换的办法。

来10队招工的单位是上海港务局，言明所招（男）工人一律在码头上做搬运工，俗称扛包子。当时码头上的机械操作率很低，大部分工作要靠人力。对于搬运工的活，我在长航局驳船上劳动时已很熟悉。搬运工人在船上扛上一包货物，就由船员（水手）给他发一根签，进仓库交货时就把签交给仓库保管员，这样船上的人就凭签条与仓库人员结算，搬运工也因此分得工钱。一包货物很重，一包米就是100斤或200斤，搬运工的劳动强度很高。不管怎么说，10队很多人都争着去。大队长老杨是个厚道人，他大概考虑到我是新职工中第一批担任组长的人，算是没有功劳有苦劳吧，主动找我询问了意见。我心想，搬运工与农场干活事实上没有太大的差别，毕竟回到了大上海，也是我们知青向往的；但失去了一次选择的机会，有没有可能等到更好的单位、更好的工作呢？有可能，又渺茫。但我看到“上调”可能作为一项政策性的措施，如果后来毕业的中学生都要经过务农的过程，那么对上海来说，崇明农场就是一个良好的中转站。最后我还是婉言谢绝了杨大队长给我的机会，他还答应看看下次有没有什么好机会，我心中非常感激。同时我也认识到：即使我们能离开农场，回到大上海能找到的工作也是比较累、比较脏的。我们既无专长也无钱财，只能生活在社会的下层，这是一个自然、合理的结果。我们只能勇敢地去面对。

1972年底我“上调”到交通部第三航务工程局（上海），简称三航局，同去的还有4位同班的同学。三航局是建造码头、船坞的单位，从工种上讲有木工、钢筋工、瓦工、混凝土工、钳工、机修工等，似乎比上一年港务局的岗位好一些。1973年、1974年的情况更好一些，有少年宫、中百公司、手表厂、自行车厂、公交公司等单位的一些岗位。不过不少当时的好单位，在后来的改革、转制中被兼并、关闭，当时运气好的人反而早早下岗或协保（协议下岗）了。

“上调”那年我25岁，已经超过了正常年头大学毕业的年龄了。这意味着我们这一代人在“适龄”时丧失了接受系统教育的机会，与大学校园的青春生活永远无缘了。后来我在复旦大学执教，看到大学生充满了活力和青春气息，对他们表现出来的欢乐与奋进，总是羡慕不已。自己已永远无法融入这一幕中。有时我想，等退休之后，能不能再来考复旦大学呢？做一次复旦大学的本科生也是过把瘾，又怕考不取。堂堂的复旦大学副校长连复旦本科也考不取，岂非笑话！我曾注意过这几年参加高考者最大的年龄是59岁，不过成绩都差得很，与复旦的录取线差了一大截。一方面近年来高考卷子的路子已与当年的路子全然不同了，再加上老头子应变能力差，考不取便完全可能了。于是又想到了“高复班”——且当我胡思乱想吧！

离开崇明后，忙于工作一直没“回家”看看。至今为止，我离开上海市区时间最长的就是崇明岛的四年半，其次才是美国纽约的四年。1998年联络了当时在农场同组工作的知青，包了一辆车，经石洞口渡江去长征农场，这时离开我们在崇明相会的时间正好是30年。我们当时离开崇明时曾说过30年后再来看看的话，正好应了此事。我们在场部拜访了当年的老队长，老杨已是满头白发，却是满脸春风，说起话来还是那么爽朗、洪亮。他没有应邀与我们一起吃饭，只说你们来看我，我很高兴。不禁使人回忆起当年那位严肃、公正、廉洁又对我们多几分理解的杨大队长。回到10队看到的情景，却使大家吃了一惊：曾经拥有三四百名职工的生产大队（鼎盛时达500多人）如今只剩下了十几户，所有的农田已被外地农民包干了，留下的人也只是做些管理工作。过去生活作息的地方，房子还在，因无人居住已破败不堪了。几个孩子围上来好奇地看着我们。贺知章有"少小离家老大回，乡音无改鬓毛衰"之句，我们连崇明话都讲不好，孩子们自然认为我们是什么地方来的客人了。好在他们的祖父辈是我们的同事，一一介绍了10队的变化。大家谈起当年事，不胜欷歔！我们把"桃红柳绿"的美好青春献给了农场的事业。赋下七律一首，聊以为记：

七律·回乡

卅载相约正有期，小童不识客人谁？
大田已归他农作，老叟忙消故友疑。
日照空楼移断壁，风吹残牖响芦蓠。
当年耕读皆如火，正是桃红柳绿时。

第六章　记事三航

壹

三航局第二工程处是一个工种齐全的建造码头、船坞的专业单位，加上我们这批新职工共有二三千人。处长原是解放战争第三野战军的一位团长，为人厚道，在处里很受人尊敬。第二工程处下属九个工程队，遍布上海黄浦江两岸。我被分配在 203 队，当时驻扎在浦东的东沟。那时的东沟与现在完全不一样，基本上是一片农田。203 队的工种有木工、钢筋工、混凝土工、瓦工、扳金工、钳工（机修工）、油漆工、测量工等。我被分配当钢筋工，同去钢筋组的还有另外三名新职工，也是农场“上调”的知青，我们的年龄都差不多，我是 66 届高中，稍大一些。组长姓张，是一位经验丰富的老钢筋工，约 40 多岁，技术精湛，作为中国援外项目的专家之一，还去过非洲。队里不少人羡慕他。有人对我说：“钢筋工要做到你们那位张师傅的分上，就能出国，国外拿津贴，国内工资照发。不过要想出国，你们先得结婚，要有两个孩子，这是必要的条件。”我不明白这逻辑是怎么推演的，不过张师傅确实是一个优秀的工人。他工作一丝不苟，对我们要求高，但又热心地教我们，收工时他总要亲自在工地上仔仔细细地再检查一遍，看看有没有不妥的地方。钢筋工的工作似乎很容易上手，按照图纸用铅丝把钢筋的位置固定好。工具是一个特殊的金属小钩子，铅丝绑扎的疏密要看钢筋的直径粗细和形态角度，特别是在钢筋比较密集的地方，经验会有很大的帮助。钢筋位置固定好之后，由木工在外面做木壳子，再由混凝土工朝里面灌注混凝土。在扎钢筋之前，先要下料，根据所需钢筋的长短切割，按图纸弯成不同的形状。有时不够长还要把钢筋接起来，这是一个技术活，用电焊机把两根钢筋的头融化以后接起来。接头比钢筋略粗一些，要求内部完全融合，不然的话，在建筑物里就会造成“薄弱环节”。钢筋出厂应有严格的要求，规定直径的钢筋应承受规定的压力和拉力，这样才能使钢筋在建筑物中担负起“拉”和“压”两方面应尽的责任。钢筋一般不允许在使用前拉或压，这样会改变其内部的应力。张师傅还告诉我们“钢筋工做得熟练以后，可以学习钢筋翻样”。所谓钢筋翻样，就是根据图纸，计算出所有不同直径的钢筋的总长度（重量）。按规定，钢筋翻样是五级或五级以上的钢筋工才有资格干的活。张师傅拿出具体的图纸比划着，教我们如何看懂图纸，并进行简单的计算。我仔细听着，不知怎的总觉得这个钢筋翻样比摆弄小钩子扎钢筋还容易，怎么还要五级以上的老师傅才能干呢？

副组长小唐是个活泼的本地人，年龄和我们差不多，技术娴熟，很会干活，是组长的好帮手。他也经常帮助我们，老是说：“钢筋工没啥的，做做就会做了！”除了我们钢筋组的四个，整个 203 队进了不少知青新职工，彼此很谈得拢，在小环境里似乎又回到了农场的那个氛围。木工组有个叫李正的新职工，也是来自农场的 66 届高中毕业生，很有才华。当时他给我的感觉是善于辞令，能说会辩，也写得一手好文章。我离开 203 队以后，一直没有再见过他，直到三十多年以后的2009年，我们同时被上海市韩正市长任命为上海市人民政府参事时才相遇。我们都知道对方的名字，相互看了半晌，几乎同时认出了对方。岁月蹉跎，我们都已是63岁的老头了，我已满头灰发。我们都经历了一个曲折的人生过程，现在跑到一起来了，也算是前世有缘，上苍眷顾。

在三航局的所有工作中，我自己感到最合适的是选址测量、试桩定位的工作。这项工作带有一定的探索性，颇有趣味。建造码头、船坞、平台等都要选择适宜的地方，自然条件如水深程度、水流速度、水下状态（包括土层、岩石、流沙等）都是重要的因素。在海上或海边作业还要考虑气象情况和海浪波动冲击等。人们分析地表层、岩石层、泥沙、海浪等详细情况，考虑与陆地交通的联系和区域经济的规划，最后确定建筑物的准确位置。前者是技术工作，三航局有一个工程设计院，是工程师们的活，根本轮不上我们新职工；后者则是官员们考虑的范围，也与我们无关。倒是测量定位是一项具体的实施工作。203队也有一个测量小组，常看到他们带着测量仪器勘察定位，有时还穿救生衣乘着小船在江河上行走。他们告诉我，依照图纸，他们计算只需要一些三角、代数的知识，用不着高深的数学工具。不管怎么样，他们的工作还是让我羡慕不已。

没有想到的是，一件偶然的事情，一篇即兴的报导文章，竟改变了我后来的工作。将近1973年年底的时候，局、处二级要组织一些报导文章，集中反映三航局的职工战天斗地的干劲和一不怕苦二不怕死的革命精神，发扬工人同志们努力为祖国建设新码头的英雄事迹。当时的大形势是：林彪“九一三”事件后，极“左”的倾向受到一定的批判，政治环境相对宽松，“促生产”在运动中所含的比重有所上升，经济有所回升，1973 年的 GDP 增长了 7.9%。

在这种形势下，对局里交办的任务，第二工程处由党委办公室负责，向九个工程队征求稿子，然后总结归纳后上报总局。203 队的领导就把这个任务交给了我，大概因为我是老高三毕业，文笔可能会好一些，并叮嘱我一定要反映 203 队全体职工热火朝天的革命精神风貌。为此，我走访了 203 队在几处的工地以及各工种小组，写成了一篇报导文章。队领导认为我写得不错，就报给了二处党委办公室。事有凑巧，当时二处党委正考虑宣传工作的需要，拟定期出一份简报《情况交流》，这份简报由党委办公室负责，主要反映二处职工“抓革命、促生产”的状况。党委正在寻找一个合适的人，作为“土记者”，在全处范围内进行采访报道，编写《情况交流》，最后由党办审定发稿印刷。党办主任杨李竞在派人汇总全处的报导文章时，又亲自把来自各队的文章进行比较，选一篇最好的。没有想到这篇最好的文章正是 203 队的。于是他亲自到 203 队了解我的情况并与 203 队的领导协商，把我借调到二处党办担负这份工作。我也觉得很奇怪，为什么会选中我呢？工程队、处机关会写文章的人比比皆是，再说我这篇报导文章只是应景而作，事实上算不了什么好文章。记得在文章中我把几位老工人的话概括成两句诗；后来看到二处报给局里的文章，变成了四句诗；而局里综合后发表的文章竟变成了八句诗，足可见中国文人的创造力。

党办主任杨李竞是个外冷内热的人，我们都叫他老杨，表面严肃而内心热情，办事认真仔细而又总能迅速抓到事物的本质和关键，讲究原则而又与人为善、助人为乐。军校毕业后成为一名军官，复员后在三航局二处工作，深得处长的信任。他喜欢与知识分子打交道，特别是大学毕业生无不是他的朋友，知识分子也都非常尊重这位并不懂得水利、建筑专业的领导。“文革”结束后，他被调去主持一所中等专科学校，搞得井井有条而又轰轰烈烈，规模也扩大了许多，屡屡受到上级的褒奖表扬。难能可贵的是他与老师们打成一片，老师们有家事、私事都会找他商量，这是后话了。

在编写《情况交流》的日子里，我与第二工程处上上下下的人都搞得很熟了。因为我的“土记者”身份，工程队都很欢迎我去采访，并热情地向我介绍情况。其实我从来没有写过这类新闻报道的文章，是从头开始学的。好在老杨会严格把关，文章交给他以后，他会十分认真地审阅，特别是一些提法、用词。他要求句法严谨、用词准确。记得刚开始的几篇，他密密麻麻地用红笔修改了很多地方，渐渐地红笔字越来越少了。出洋相的地方还是有的，比如有一次我采访一位老工人，老工人出生在江苏农村的一个贫穷家庭里，对新社会很有感情，热爱党，热爱工作。他多年来一直被评为先进工作者，他告诉我：“我是靠母亲拉扯大的，父亲七岁就死了，母亲帮人做佣人，才把我们姐弟两个养大，十三四岁就去做了学徒，一直熬到解放，才过上温饱的日子，后来进了三航局，也爱上了这一行，要努力为党为人民多干些活……”又诉说了一些“文化大革命”以来他看不懂的事。我当然把后面的他不理解的部分删去了。在写报道时，我直接引用了他的话，也没有多留心。发表后，有人指出其中的语病：“父亲七岁就死了”，如何把他生出来呢？在这段时间里我不仅对政治、社会有更多的了解，对于新闻报道的写作也有长进。

贰

接下来的政治运动是“批林批孔”。“十大”召开前，毛泽东曾向江青讲述中国历史上儒法斗争的情况：历代有作为、有成就的政治家都是法家，他们都主张法治，厚今薄古；而儒家则满口仁义道德，主张厚古薄今，开历史倒车。他主张尊法反儒，还写了一首《读〈封建论〉呈郭老》的七言律诗：

劝君少骂秦始皇，焚坑事业要商量。
祖龙魂死秦犹在，孔学名高实秕糠。
百代都行秦政法，十批不是好文章。
熟读唐人封建论，莫从子厚返文王。

这是毛泽东在告诫人们不要怀疑和否定“无产阶级文化大革

命”，不要企图恢复“无产阶级文化大革命”前十七年的一些做法，社会不能倒退，要向前发展。

局里成立了“工人理论小组”，我也是其中一员，下属的单位也纷纷成立了类似的组织。市、区图书馆开放了春秋战国时代诸子百家的著作以及部分汉、唐、宋、明的儒家法家著作。这些著作原先都是属于“四旧”而封存的。对我而言，以前接触到的儒家思想，大都是从别人的文章中看到的，从哲学史、思想史或评论批判的书中看到的，多是片段，作者大抵也是各取所需。高中课本中有一些，却是凤毛麟角。这次能系统地读到原著，真是一个难得的好机会。我阅读了《论语》、《孟子》、《荀子》、《韩非子》、《老子》、《孙子兵法》以及《庄子》的部分著作，写了数万字的笔记，深深为祖国两千多年前先贤们的思想言论所震惊，完全没有想到我们的祖先在两千多年前就有如此深邃的思考。他们的著作涉及哲学、政治、军事、教育等各个方面，是中华民族古代思想精华。

如《论语》中：

子曰：由，诲女知之乎！知之为知之，不知为不知，是知也。

子曰：默而识之，学而不厌，诲人不倦，何有于我哉。

子曰：三人行，必有我师焉。择其善而从之，其不善者而改之。

子曰：有教无类。

如《孟子》中：

舜发于畎亩之中，傅说举于版筑之间，胶鬲举于鱼盐之中，管夷吾举于士，孙叔敖举于海，百里奚举于市。故天将降大任于斯人也，必先苦其心志，劳其筋骨，饿其体肤，空乏其身，行拂乱其所为，所以动心忍性，增益其所不能。

天时不如地利，地利不如人和。……故曰：域民不以封疆之界，固国不以山溪之险，威天下不以兵革之利。得道者多助，失道者寡助。

如《荀子》中：

学不可以已。青，取之于蓝，而青于蓝；冰，水为之，而寒于水。木直中绳，輮以为轮，其曲中规，虽有槁暴，不复挺者，輮使之然也。故木受绳则直，金就砺则利。君子博学而日参省乎己，则知明而行无过矣？

故不积跬步，无以至千里；不积小流，无以成江海。骐骥一跃，不能十步；驽马十驾，功在不舍。锲而舍之，朽木不折；锲而不舍，金石可镂。

天行有常，不为尧存，不为桀亡。应之以治则吉，应之以乱则凶。

内不可以阿子弟，外不可以隐远人，能致是者取之，是岂不必得之之道也哉！虽圣人不能易也。……夫文王非无贵戚也，非无子弟也，非无便嬖也，倜然乃举太公于州人而用之。

如《韩非子》中：

今有构木钻燧于夏后氏之世者，必为鲧、禹笑矣；有决渎于殷周之世者，必为汤武笑矣。然则今有美尧、舜、汤、武、禹之道于当今之世者，必为新圣笑矣。是以圣人不期修古，不法常可，论世之事，因为之备。宋人有耕者，田中有株，兔走触株，折颈而死，因释其耒而守株，冀复得兔，兔不可复得，而身为宋国笑。今欲以先王之政，治当世之民，皆守株之类也。

故以法治国，举措而已矣。法不阿贵，绳不挠曲，法之所加，智者弗能辞，勇者弗敢争。刑过不避大臣，赏善不遗匹夫。

明主之为官职爵禄也，所以进贤材劝有功也。故曰：贤材者，处厚禄任大官；功大者，有尊爵受重赏。官贤者量其能，赋禄者称其功。是以贤者不诬能以事其主，有功者乐进其业，故事成功立。今则不然，不课贤不肖，不论有功劳，用诸侯之重，听左右之谒，父兄大臣上请爵禄于上，而下卖之以收财利及以树私党。故财利多者买官以为贵，有左右之交者请谒以成重。功劳之臣不论，官职之迁失谬。是以吏偷官而外交，弃事而财亲。是以贤者懈怠而不劝，有功者隳而简其业，此亡国之风也。

故明主之吏，宰相必起于州部，猛将必发于卒伍。夫有功者必赏，则爵禄厚而愈劝；迁官袭级，则官职大而愈治。夫爵禄大而官职治，王之道也。

如《老子》中：

天下皆知美之为美，斯恶矣；皆知善之为善，斯不善已。故有无之相生，难易之相成，长短之相形，高下之相倾，音声之相和，前后之相随。

将欲歙之，必固张之；将欲弱之，必固强之；将欲废之，必固举之；将欲夺之，必固与之：是谓微明。柔之胜刚，弱之胜强，是以兵强则灭，木强则折。故刚强处下，柔弱处上。

多言数穷，不如守中；持而盈之，不如其已；揣而锐之，不可长保；金玉满堂，莫之能守；富贵而骄，自遗其咎。功遂身退，天之道也哉！

祸兮，福之所倚。福兮，祸之所伏。孰知其极？其无正也！正复为奇，善复为妖。人之迷也，其日固已久矣。是以圣人方而不割，廉而不刿，直而不泄，光而不耀。

曲则全，枉则直，洼则盈，敝则新，少则得，多则惑。是以圣人抱一为天下式。不自见，故明；不自是，故彰；不自伐，故有功；不自矜，故长。夫谓不争，故天下莫能与之争。

这些经典的段落，无不闪耀着古人的智慧。

在阅读经典的过程中，我发觉人们有些地方并没有完全弄懂古人的确切意思，甚至歪曲和断章取义，这反映在大批判的文章中。如批判林彪和孔子都讲天才，都承认有天才，进而自以为天才，或让人把自己捧为天才。其依据是《论语·季氏》中，孔子曰："生而知之者上也，学而知之者次也，困而学之又其次也。困而不学，民斯为下矣。"事实上在《论语·述而》中还有"我非生而知之者，好古，敏以求之者也。"在同一篇里孔子还作了自我的鉴定，"其为人也，发愤忘食，乐以忘忧，不知老之将至云尔"，也佐证了孔子并非自以为天才，而认为自己的成才很大成分得益于"敏而求之"、"发愤忘食"以及"三人行，必有我师焉。择其善者而从之，其不善者而改之"。而绝非林彪所言的几百年出一个的天才。又如孔子的"中庸之道"和"克己复礼"，大批判文章都把"中庸"理解成孔子的阶级调和，希望奴隶不要用暴力来推翻奴隶主的统治，也不希望地主阶级的兴起，以回到他理想的周公统治下的奴隶社会。中庸的这种理解，可能受到宋代理学家的影响，宋人所谓的"不偏之谓中，不易之为庸。中者，天下之正道；庸者，天下之定理"，与孔子的原意并不完全一致。《论语·雍也》中孔子感叹"中庸之为德也，其至矣乎，民鲜久矣"。这里的"中庸"应由《礼记·中庸》篇解释为"喜怒哀乐之未发谓之中，发而皆中节谓之和。中也者，天下之大本也；和也者，天下之达道也"。可见，中庸就是"中和之为用"的意思。孔子向往的也不全是奴隶社会，这可以从《礼记·礼运篇》中孔子叹息"大道之行也，与三代之英，丘未之逮也，而有志焉"中看出。什么是大道之行呢？《礼运篇》接着说："大道之行也，天下为公。选贤与能，讲信修睦。古人不独亲其亲，不独子其子，使老有所终，壮有所用，幼有所长，矜寡孤独废疾者皆有所养，男有分，女有归。货恶其弃于地也，不必藏于己；力恶其不出于身也，不必为己。是故谋闭而不兴，盗窃乱贼而不作，故外户而不闭，是谓大同。”这样的社会总不会是奴隶社会吧！

作为“工人理论小组”的成果，我上交了一篇文章《从“性善”、“性恶”之争，看春秋战国时代儒法论战的实质》，领导觉得这篇文章是在做学术研究，光引用《论语》、《孟子》、《荀子》、《韩非子》等就有57处，不太符合当时深入批林批孔的形势，力度不够。这篇文章认为“性善”“性恶”之争，反映了儒家“内省”和法家“外求”的认识论上的斗争，反映了儒家“仁政”和法家“法治”的政治斗争。儒家认为人有不学不虑、天生就有的所谓良能、良知，关键是要“养浩然之气”，找回良心。这也是圣人要做的工作，而圣人（包括他们自己）本身则“天之生斯民也，使先知觉后知，使先觉觉后觉，予夫民之先觉者也，予将以此道觉此民也”。从而进一步主张施仁政，“法先王”，认为“持德者昌，持力者亡”，“徒善不足以为政，徒法不能以自行，诗云：‘不愆不忘，率由旧章’，遵先王之法而过者，未之有也”。法家则从人性本恶出发，强调后天的学习，即使圣人也是因为通过后天的实践才至圣的。他们所制定的法令并不是生下就带来的，而是在认识和改造客观世界中获得的，即“圣人化性而起伪，伪起而生礼义，礼义生而制法度”，号召人们尊重当时的社会现实，投身于社会实践中去，不断地接受新事物、吸收新思想。“凡人有所一同：饥而欲食，寒而欲暖，劳而欲息，好利而恶害，是人之所生而有也，是无待而然者也，是禹桀之所同也。”圣人是“求之而后得，为之而成，积之而后高，尽之而后圣”。因此，随着情况的变化，形势的发展，各种法令也必须变更，反对“尊圣道古”、“效法先王”。“伊尹毋变殷，太公毋变周，则汤、武不王矣。管仲毋易齐，郭偃毋更晋，则桓、文不霸矣。”法家抨击道：先王圣主经历年久，传了百代，究竟要我去效法哪一个呢？相反的，只有后王的法令制度才适用于当世。抛舍后王而去盲目地称誉古道，就好比“舍己之君而事人之君”。韩非更是用守株待兔、刻舟求剑等故事辛辣地讽刺儒家。同时正因为人性本恶，法家主张制法严令，赏功罚罪，按照功劳的大小给予爵位和俸禄，按照罪过的大小给予不同的惩罚。在任人方面极力主张“内不可以阿子弟，外不可以隐远人”。只要有能力，能有功，不管是谁，不管如何的低贱，在山林薮泽中也好，在监牢里囚禁也好，做厨务、牧羊、看牛的也好，就得举他出来做事。显然法家的这些主张比儒家进步。

过了几个月，我突然想到《光明日报》原先有一个栏目，叫“学术研究”，既然这篇文章学究味道太浓，不如投到它们那里，看看能不能发表。《光明日报》社把文章进行大幅压缩，并进行修改，原文面目已非，于1975年6月18日发表了题为《从“性恶”“性善”之争看“法家渊源于儒家”论的破产》，署名是：上海第三航局第二工程处施工机械队工人赵祖康。当时我已调入二处的施工机械队，报社把题目改了，把我名字也写错了，赵祖康是上海的名人，新中国成立前是上海市工部局的局长，上海市的代理市长，新中国成立后又出任过上海市的副市长。我不明白他们是搞错了呢还是“造”祖康，不过编辑部还是给我寄来了一封信，附上不少当天的报纸，还有几份样稿。

叁

1974年三姑父的来访成了家庭的一件大事。三姑父名叫马蒙，是香港大学中文系的主任、教授。当时正值“批林批孔”，政府很想让香港的学者来了解一下“批林批孔”运动，促进香港文人与大陆学者的交流，特别是政治思想方面的。尽管这种“访问”尚属“破冰”阶段，只有很少数人能收到邀请，可能因为三姑父的家族有些特殊背景以及他本人在香港的地位。他祖父是晚清的地方官，做过宝山知县、上海知县和苏州知府，后来死在苏州知府任上。父亲是北京燕京大学的著名教授，叔叔马衡是北京故宫博物院的院长。马蒙年轻时曾做过“西北王”胡宗南的秘书，后来去了香港大学。他早年丧妻，有几个女儿，我三姑妈是续弦。马蒙有两个弟弟也很出名，一位是香港中文大学第二任校长马临，一位是两航起义的干将马豫。

邀请是由复旦大学发的，马蒙向政府提出要看看岳母及太太的兄弟。事情由上海市外事办公室负责，这也是我家“文化大革命”以来第一次与海外亲戚的接触。父亲被莫名其妙地叫到厂革命委员会办公室，被告知香港有亲戚要来访，是国家邀请的。要求父亲一定要做好工作，一定要站在毛主席革命路线的立场上，要彻底批判资产阶级的反动思想，要把“无产阶级文化大革命”进行到底，打倒孔老二，批臭林彪反党集团等等。父亲丈二金刚摸不着脑袋。当时他属于资产阶级分子，在车间劳动，不知道该回答什么。他从没有见过这位妹夫，也不知道他的政治观点，更不知道如何接待。后来才知道马蒙在香港属于进步人士，是争取对象，还受到周恩来总理的赏识。周总理曾接见过几批英联邦国家的外交官，觉得他们不仅汉语流利，而且对汉文化颇多了解，还懂一些古代汉语，于是周总理问他们如何学的汉语。几批人都不约而同地说是在香港大学进修的，是马蒙教授所教，总理始知马蒙其人并说了一些称赞的话。这些情况父亲是后来才知道的，当时只是呆呆地看着厂革命委员会的领导。头头们又告诉父亲：“马蒙是香港著名人士，要让他看看祖国文化大革命的大好形势，看看人民丰衣足食的好日子。他提出要看看你和你母亲，要让他看到你们一家美好的日子，让他放心，让他爱人放心。要好好接待他，你懂吗?”父亲木讷无语，也真不知道如何好好接待他，家里确实很穷，资本家的家属每人只有12元一个月的生活费用，所幸三个大的孩子已工作，每人每月有30多元的收入。头头们接着又说：“马蒙提出要请你们全家吃饭，你如何回报呢?”父亲不知所措地回答：“我们会在家里好好接待他的。”头头们见父亲还是不得要领，继续启发：“中国人讲礼尚往来，你懂吗?”“那么我也请他吃饭。”父亲终于挤出了这样一句话。头头们也如释重负，又问起家里有什么困难等等。记得后来厂里还补助了

100元，说是饭菜要准备得好一些，也可以送一些礼品。第二天家里来了两个干部模样的人，仔细视察了一番，又作了一些具体指导。三姑父来的当天早上，又来人作了布置，门口放了两盆花，拆掉了家里的两张大床，腾出了一块地方摆一桌酒席。我家住的是老式石库门房子，1966年最后一次抄家后，父母与弟妹八人被赶到三层楼。老式石库门房子的三楼属于“假三层”那一种，又称“三层阁”，即有一部分面积其高度不足身高，还带有“老虎窗”。三层楼原来是摆放箱子和堆存杂物的，共三间约五六十平方米，还有两个10平方米的阳台。酒菜是我两个弟弟做的，按当时的水平是挺不错的。他们不但会烧中餐，还会烧西餐，都是跟母亲学的。只是西餐用的刀叉抄家时都抄走了，这次只能烧中餐了。

三姑父由复旦大学外事办公室的两个干部送来，两个小时后又由他们接走。席间三姑父对菜肴赞不绝口，只谈家事不谈国事。他似乎吃得很开心，也问了我们一些家里的事情。但我们更多的是好奇心，对这位从未谋面的姑父留下的印象是潇洒、脱俗、饱识、博学、健谈与和善。我后来与他又见过好几次，“文化大革命”以后，他是香港的全国政协委员，又到复旦大学访问过。每次见面，我总会想起他在我家的一幕，只是每次都觉得他在衰老（其实我也一样）。我最后一次见他，好像在2002年，那时我已经是复旦大学的副校长了。记得是在香港请他吃饭，他很高兴地来了，是坐着轮椅来的，也是坐在轮椅上吃饭的。他脖子上好像托着一个支架，基本上说不出话来，只会咕咕哝哝。姑妈帮他夹菜，并把他要说的话翻译给我们听。我心里很难过，叹年岁蹉跎之无情，慕挟仙抱月而长终。三姑妈曾告诉我，当年马蒙在你们家吃得很愉快，说想不到饭菜做得那么好吃，说你们生活得很好，房子也大。他可能没有去想，晚上我们睡在哪里呢？这大概是一个学者容易疏忽的问题吧！

第二天晚上马蒙请我们吃饭，地点是苏州河与黄浦江交汇处的上海大厦。上海大厦高十八层，仅低于二十四层的上海国际饭店，也算是上海的标志性建筑。当然那时谁也没有想到三十多年后上海的高楼大厦总数竟超过了美国纽约曼哈顿的两倍，上海大厦已“湮没”在茫茫“楼海”之中了。我陪着祖母好不容易打到一辆出租车来到上海大厦，马蒙已穿着风衣在大门外等候。见了祖母，他上前连连鞠躬。祖母却因为眼睛不好，加上天色已黑，转了九十度的方向。我连忙拉着祖母转过身来，三姑父则赶紧上前扶着祖母进了大门。乘电梯上楼进门是一个小型的宴会厅，有沙发供饭前闲谈之用，服务员奉上热茶，这在当时都算得上是很高档次的。宴会用的是茅台酒，我因为从不沾白酒，也没有品尝，只觉得满屋子的香。热菜中留下印象的是一道“金钱里脊”，其实就是油炸猪里脊肉，不过肉质新鲜味美，内嫩外黄，炸得十分到位，满满一盆子。最重要的是味调得极好，又是喷喷香的。此后我再也没有吃到如此好的“金钱里脊”，或许是当时肉吃得比较少，印象特别深罢。这一桌酒席不包括酒水一共是180元，现在想来不可思议，相对于当时30多元一个月的工资而言，不能不算奢侈了。

听说三姑父回香港后并没有发表什么批孔的文章。我想他骨子里不会是一个反孔派，他深受儒教熏陶，对古代汉语有很高的造诣，特别擅长古书的版本研究，这从以后与他的交谈都可以印证。不管怎么说，让他来了解一下大陆居民在“文化大革命”中的美好生活，还是很有成效的。

肆

学写小说是我在三航局工作的一段奇特的经历。大约是1975年的年初，“文化大革命”已进行到深入“批林批孔”的阶段，强调工农兵要参加上层建筑领域的斗争，要占领文化艺术阵地。在上级领导的指示下，三航局二处成立了“工人小说创作班”，从工人中选拔了三个稍有写作基础的在一线工作的“老三届”高中毕业生，作为“工人小说创作班”的成员。我有幸成为其中的一员。领导为我们请来了一位姓王的文学编辑当老师，他先是给我们讲了几次课，讲一些选题和写作技巧的问题。他认为短篇小说应当反映时代的气息，反映“文化大革命”的精神，彻底打倒走资派，限制资产阶级法权，走无产阶级专政下继续革命的道路。要求我们联系生活，联系实践，反映三航局工人热火朝天的革命干劲，也可以联系农场生活的经历（我们三个都来自上海郊区的农场），特别是反映当前社会上的一些问题，如反对享特权、拉关系、走后门等资产阶级的一套。要树立无产阶级革命派的高大形象。在技巧方面，他讲了如何安排人物的出场，如何作铺垫，如何引出高潮，如何激化矛盾，又讲了预埋伏笔、烘托气氛、对比反衬等手法。总之，整篇小说的结果要出人意料，又在情理之中。这些东西对我讲都很新鲜，我们三个都觉得他水平很高，都很佩服他。然后由我们自己构思短篇小说，各自习作，每篇大约一万多字的篇幅。写完了就请王编辑批阅、指点。我们处里还有一位喜爱文学的领导，也在技巧上给我们指点。记得我们各自写了三四篇，我写的是《探亲》、《第四十一个》、《入学条件》三篇。大致按王编辑的路子，只是自己从来没有写过小说，虽在“文化大革命”中看过《莫泊桑短篇小说集》、《沈从文小说选集》等，但总觉得是两回事。找到《入学条件》的初稿，梗概如下：

“雷生上大学啦！”人群一片欢呼，小伙子低着头让人戴上了那朵鲜艳夺目的大红花——这是昨天后勤组的几个姑娘精心制作的。瞬时间，五颜六色的纸屑天女散花似的撒在小伙子的头上、身上。在人群中老奶奶拄着拐棍儿乐得眼睛眯成一条缝，雷生的父亲——上海航务工程局的党委书记王刚，点着头自个儿呢喃起来：这回是够得上入学条件了！

故事，当然还得从头说起。

两年前，也是一个明媚的春天。“文化大革命”以来第一次大学招生开始啦，一股暖流流入王雷生的心田。食堂墙上醒目地方贴着的告示明确地指出入学条件：“（1）阶级斗争路线斗争觉悟高，在三大革命斗争中表现优异；（2）具有中学文化水平，身体健康；(3）年龄在18—25岁，参加过两年以上的劳动锻炼。招生办法是自愿报名，群众推荐，领导批准，校方审核。”大伙儿热烈地议论着，不少人提到了雷生的名字。雷生自己心里也忖思，作为一个优秀的混凝土工，虽说念过不少技术书，但总不如上大学能系统学到一些理论。当他念到第三个条件时，竟呆住了，自己扳了扳指头，参加工作才一年又十个月！奶奶、妈妈会同意吗？特别是爸爸会同意吗？

当晚就见了分晓。虽然老奶奶一再说明王家祖辈没出过大学生，现在托毛主席共产党的福，让雷生上大学也是老奶奶的那么点指望。可爸爸还是以不够条件说服了老奶奶。

说也正巧，第二天一早从南京来了一封信，原来是雷生的大舅舅当上了华东地区招生工作负责人，信中还问起上海航务工程局招生的情况，问雷生报名了没有，这次有没有希望……老奶奶眉开眼笑了。祖孙俩高兴了一个上午。下午，来了一位远房亲戚，原来很少走动，老奶奶念他是千里远客还是热情地接待了他。客人从家乡的巨变，一直谈到知识青年上山下乡，最近的大学招生，渐渐地谈到了老奶奶的心坎上：

“伯母呀，上大学可是个好去处，将来对国家贡献大，自己地位也高，钱又赚得多。俺公社里小青年都争着去，雷生怎么不去试一试？满屋子的奖状，爸又是党委书记、局长……”

“……差两个月的劳动锻炼？这也不是什么原则问题，政策也有一点灵活性嘛！只要群众推选上来的，领导一批，不过顺水推舟，犯不了错误。”

“……噢，大舅舅负责来招生！那是万事俱备啊！”客人笑出声来，大口大口地吸着香烟，一圈一圈的青白烟在屋里缠绕着，弥漫开来，老奶奶也有点迷惘起来，客人最后给老奶奶出了一个主意：“不用跟雷生他爹讲了，一面叫雷生去报名，一面告诉他大舅舅。等群众推荐上来，他爹一批，有您老伯母老烈属兜着，局里哪个不敢您。”客人说过一段时间还会来，要老奶奶最好帮他弄两条好一些的香烟。晚上，王刚有急事没有回家，老奶奶犹豫不定，雷生心里更是七上八下。第二天早晨，老奶奶才算拿定主意：先瞒着王刚让孙子去报名。

三个星期后，事情明朗了。王刚在办公桌上看到了 207 工程队送来的报告：工程队的两委会一致推荐王雷生、朱琪芸两位同志上大学，请上级党委审批。晚上雷生参加青年突击队打混凝土没回家吃饭，雷生妈去了天津，剩下便是王刚和他的母亲了：

“妈，雷生不符合招生条件，这次就别去了！”

“就差两个月罢！又不是原则问题，总还有些灵活性吧，咱也是为孩子，没告诉你。这可是群众推荐的，基层领导推荐的，该不算开后门吧！”

“妈，咱当干部的，党的政策可要不折不扣地执行啊！为私忘公，哪像个共产党员！我……”王刚缓缓地说，“我已经跟雷生谈过了，也和工程队的方队长谈了，让他另找适宜的人选。”

“啊？你怎么可以这样！”老奶奶吃惊不小，颤抖的手指点着儿子的面庞，一场暴风雨终于来临，谁也不能说服谁。最后老奶奶讲起了辛酸的往事：

1930 年冬天的一个傍晚，寒风刺骨，大雪纷飞。山东老家的破屋里，地主费金富正带着一帮人来逼债，说是王家欠了他五十块大洋。王刚他爸吃惊地看着这些人，分辩说只是春天买种子、添家具借了五块大洋。费金富拿出那张借条，上面有王刚那个不识字的爹画的押，费金富还得意地哼哼：“借钱是要利息的，白纸黑字，清清楚楚。”王刚他爹再也忍耐不住指着地主大骂，打手们蜂拥而上，把王刚他爹猛打一顿。费金富临走丢了一句话：“到大年三十还不起，就告你通大草山的共匪。”王刚他爹足足躺了两天，才能走动，家里快断粮了，哪里还得起银洋。大年三十的前一晚，费地主家突然起火，浓烟滚滚，把费金富的粮仓烧得精光。几个狗腿子受了伤，说是大草山来的人，武艺高强，蒙着脸，没看清，后来又朝大草山逃去。可王刚他爹却也在那个晚上失踪了。后来官府查了一阵子，也怀疑过王刚他爹，可证据不足，也不是武艺高强的人，算是“欠债畏罪潜逃”吧。母子俩坐了几天牢，也问不出什么，于是让费金富收了破屋与一些薄田，算是抵债。母子俩只好离家乞讨，那一年王刚才 2 岁。“咱家要有个识字的，哪能吃这么大亏，你爹是多么盼望后代能上学……”说到这里老奶奶流着泪，泣不成声。

王刚也感慨万分，给妈捧来了热茶，却接上了王家的故事：“妈，我们颠沛流离一路乞讨，你又生了病，后来好不容易在东沟县华村立了脚。不久，日本人侵占了中国的东北，又南下侵占了中国华北、东南的大片的土地。日本人大扫荡那一年，正闹饥荒，村里的人都饿得站不起来。第二年新四军解放了东沟，战士们把自己的干粮分给百姓，为首的营长正是我爸！他流着泪认出了你，十二年啦！他也在找我们哪！记得他摸着我的头，半晌说不出话来……”

“……第二天分粮，战士们看你有病，我还小，把自己节约下来的粮食多分给我们一份，可你坚决不要，爸爸也说‘干部不能搞特殊’。新四军给你治好了病，两年后你又把我送去参军。好说歹说陈政委才把我收下在团后勤当警卫。你和我当团长的爸又要求把我送上前线，说是要干部子弟、百姓子弟一视同仁，在前线流血牺牲都是光荣的。不能特殊！”

“……爸在淮海战役中牺牲了。雷生出生那年，我也成了中国人民解放军的团长，雷生他妈是军区医院的医生。雷生生下来才4斤，身体虚弱，怕养不活，医院里委派专门护士照顾，你硬是拒绝了，说还有更虚弱的婴儿要照顾，现在雷生上大学……”

“……你，你别说了，妈明白了。”

突然，“得朗当”一声从厨房里传出来，碗碟碰落在地上。雷生不知道什么时候已回来了，脸上还流着泪水。于是，两年后就有了开头的那一场。

我选这个题材实是对这种推荐招生办法的不满。当时开后门的情况还是很多的，所谓推荐事实上成了少数人的权力，造反派上来当头的更狠一些。反正我也没有这个机会。这篇《入学条件》的内容从现在来看，似乎有些可笑。编造成分太多，小题大做。

不过作为当时的青年们却渴望着“公平”，对招生开后门是很痛恨的，这种招生办法的弊病是明显的，以致后来出了考零分的英雄。

王编辑对我习作的总评价是：缺乏时代气息，编造痕迹颇多，技巧有进步但还不够。我想他的意见是中肯的。习作完毕后，他要我们三个合力写一篇，由另一位同事执笔，内容是描写航务工程局援非项目的工人，如何发扬无产阶级国际主义的精神，用“文化大革命”喷发出来的无比热情投入援非项目，狠斗帝修反。可我们三个谁也没有去过非洲。当时援非是局里的重要任务，据说派出的工人要求觉悟高、技术好、有家小。非洲是如何的呢？我们翻了许多书，也冥思苦想了好久，然后开始编造，最后写出的小说因为水平未能达到要求而没有公开发表。

整个习作时间大约有四个多月。对我来讲，在这个领域的门口看一看，还是有好处的——不是每个人都会有这样的机会的。

伍

1974 年到 1975 年在党办工作的日子里，我还意外地参与了一项医学科研的项目。事情是这样的：老杨过去的一位战友，沈阳军区某医院的一位内科医师到上海来访问他，医师名叫李希臻，正在研究一项叫“心肺血流图”的医学试验。医生对心脏病人进行外科手术时，很想先知道病人心脏附近的血压以及单位时间内的泵血量，这样医生做手术更有把握，也可以据此排除那些不适宜做手术的患者。如给一位两尖瓣狭窄的病人开刀，希望事先知道那里及附近的血压和流量，这样才能掌握手术的程度，确保手术的安全。那么如何才能测得心脏附近的血压和血流量呢？李医生告诉我们：早在20世纪40年代末，就有一位外国医生发明了心脏附近血压、血量测量的方法，他设计了一个探测器，一条柔软的特殊材料的金属细管，顶头是一个精巧的压力和流量的测量器，还有一些辅助设备。先在患者下肢静脉打一个洞，插入金属细管，慢慢地小心地向上伸展，向心脏方向移动，获得血压与流量的数据之后，再慢慢退出。仪器是发明了，谁来做第一例呢？显然有很大的风险。这位发明者决心自己来试，叫他的四位研究生用此方法给他测量心脏附近的血压血量。后来他成功了。这架仪器经过改进后用于实践。但由于心脏病人本来心脏就不好，往往在手术前经不起这样的测试，在临床上会有2%的病人死于这种测试。20世纪60年代，又有人发明了一种新的测试仪器，在人的胸肺部位，前、后各放置一个支架，支架上有一片特殊的金属片，让其（隔空）通过少量的高频电流，处理后就会得到一幅类似心电图的像。心脏各处不同血压、不同血流量的人，拍出来的图也不一样，这种图又被称为肺血图。问题是如何从图上看出患者的血压和血流量呢？这就是李医生研究的问题。他看了许多文献，各有各的算法，结果都不同，也不知道是精确数字呢还是统计意义的数据。他对老杨说他不懂数学，希望老杨能找一个懂些数学的人，帮他算一算，分析一下。于是老杨又想到了我，从设计室借来了一架台式计算机，又大又重，使用也比较麻烦——那时还没有电子计算器，更没有计算机。记得有一段时间，李医生来得很勤，每月都要来一两次。每次来，我们三个人就聚在一起分析。他总是先讲最新的试验情况，然后拿出一些数据，或是支持他的判断，或者要我做进一步的计算。老杨虽不是医生，逻辑判断却是高手，他的定性分析几乎都被后来的实验证明是正确的。不久李医生找到了一个在上海市胸科医院进修的机会，干脆从哈尔滨到上海来了。在上海胸科医院工作对李医生而言是如鱼得水，因为上海胸科医院有大量的病例，可获得大量的对比数据。不久，他就发现“丘比克公式”有问题。丘比克是一个外国医生的名字，他在肺血图曲线的某个上升段上，大致按照数学中取导数的方法找到变化最快的地方，认为该处瞬时流量最大，并由此算出流量及相关数据。李医生告诉我，在一个偶然的情况，他发现肺血图的生成和被测试者肢体的状态有关，于是他要求被测者斜着身子、平卧、甚至倒立的情况下作测定，结果得到的图像也不一样。他又确定图像不仅仅反映了心脏射血的状态（压力、流量），也反映了身体各部分的血回流心脏的状态（压力、流量），因此所得的图像是综合（叠加）后的反映。我曾帮他建过一个心脏喷血的数学模型，是以流体力学的角度出发，建立偏微分方程，是一个近似的算法，与实际数据相差很远。这也从另一个方面说明肺血图反映的并不是心脏单向射血的结果，这些大概是李医生第一阶段的成果。后来我离开了党委办公室，接触就少了。

令人兴奋的是，李医生带着他的科研成果参加了 1978 年 3

月在北京召开的全国科学大会。就是在这次会议上，邓小平明确指出："现代化的关键是科学技术现代化"，"知识分子是工人阶级的一部分"，重申了"科学技术是生产力"。邓小平的这些观点，强烈影响了中国社会后来的发展。李医生的科研成果在大会上受到表彰奖励。他给了我一个奖状的复印件并写了一封感谢我的信，让我分享了他的快乐。1980 年我出国后就再也没有见过他，只是偶尔在报上看到他的消息。如 1983 年 11 月 4 日《文汇报》:《李希臻创造肺血图诊断技术，开创了无损伤观察肺循环的新纪录》，报道了"我国肺血图研究的创始人李希臻，在应邀南斯拉夫参加第六届国际生物阻抗会议后，近日返回祖国。他的肺血图科技成果，开创了世界医学领域无损伤观察肺循环的新纪录。他撰著的《临床肺血图》引起与会国专家学者的重视和赞誉。"又 2000 年有一篇题为《我国心功能技术超过世界检测金标准》的文章指出："一种灵敏、简便、客观评价的心功能的小循环导电检测技术，使人类实现无创伤观察小循环成为可能。由解放军 211 医院原心内科主任李希臻教授在国内首创的'小循环心功能检测法'，经临床上万例患者应用表明，其灵敏性远远超过被世界医学界奉为'金标准'的心导管所测压力改变结果。""进一步的研究又从本质上揭示了这一波形由两种成分综合组成，分别来自肺动脉、肺静脉血容积的改变。"等等。李医生的千辛万苦，锲而不舍，终于取得了成功，我真为他高兴！

陆

1975年的夏天，邓小平在“三项指示为纲”的旗号下，在全国范围内展开了全面整顿，号召努力把国民经济搞上去。三航局是交通部下属的一个单位，也是“春江水暖鸭先知”。在大力发展生产的同时，引进了许多国外的施工机械，二处也买进了不少大吊车、推土机等日本产的施工机械。由于操作人员训练不到位，外文的说明书看不懂又缺人翻译，事故常有发生，维护保养也不规范，机械损坏了难以修理，一些关键部位更无人会修理。于是，二处党委决心成立一个大型机械队（后改名为施工机械队），把所有的施工机械集中起来，把操作人员、保养维护人员、修理人员以及相关的技术人员都集中起来，这样便于领导、管理和集中培训。消息传出来后，二处许多人都想到大型机械队去。听党办其他人说，老杨很想把我留在党委办公室。但我不是党员。老杨曾经看过我的档案，觉得成分不好，社会关系复杂，也难以发展入党，这样在党办打工，总不是长久之计。他希望我能找到一个好一些的单位和岗位，不要再回工程队。工程队东奔西跑的，工作也辛苦，大型机械队的成立是一个机会。老杨找了大型机械队的领导陈书记。陈书记是一个工作认真踏实的老实人，经老杨推荐爽快地把我收了下来，于是我离开了党办，成了大型机械队的一名机修工。

我对大型机械队和机修工的工作都是不熟悉的，一切似乎又是从零开始。不久，大型队更名为施工机械队，二处为施工机械队配备了领导班子和技术班子，成立了机械修理组。组长小刘是一个活泼而富有创意的小伙子，比我还小几岁，副组长老黎则是个仔细稳重的老修理工。他俩带领着十几个和我一样从农场“上调”到三航局二处的工程队又被调入施工机械队的新工人。当时的困难不小，我们这些新手面对着大批的施工机械，特别是相当大比例的日本进口机械，虽然有日文和英文的说明书，但有大量机械专业的词汇，中学初级英语的水平实难胜任。再加上进口机械的零件一旦坏了，少有备件，都要自己想办法搞清规格、功能、用途，然后在国产的零件中寻找代用品，或寻找有关单位特制。当时如要上报进口零件，一是需用量小，二是要动用宝贵的外汇难以得到批准，三是过程长，机械修不好，工程也停不起。记得有一次一个主轴上的日本油封坏了，没有备用品，漏油没法解决，也找不到代用品。我跑了上海几家大橡胶厂，都说没法保证不漏油，何况只做一个。后来有一家大橡胶厂的一位技术人员告诉我：“你去找上海橡胶四厂，他们有技术，如果连他们也做不出，你在上海滩上就不用找了。”最后果真是上海橡胶四厂帮我们解决了问题。可见中国人还是有技术的，只是没有组织好、整合好。

修理大型机械的核心问题之一是修理动力系统——内燃机，而绝大部分都是马力较大的柴油机。关于柴油机的知识，我只是从中学的课本上获得的，对柴油机修理来说是远远不够的。我们这些年轻人虽然找了一些书看，但更重要的是技术指标和实际的操作，特别是一些关键部位的测试与调整。如高压油泵中柱塞的喷油量调节、喷油嘴的清洁与调整、调速器功能包括弹簧张力的测试等都有严格的要求。日产的内燃机虽有详细的说明书却很少有备件，再说我们也没有测试的设备。小刘组长曾想带领我们自制一架高压油泵试验台，但由于种种原因也没有做成。不久，上级给施工机械队争取了几个培训机修工的名额，到上海 7426 厂培训一年。在领导的关照下我也有幸加入了受训的队伍。7426 厂是一家大型机械的大修厂。按大修的标准，内燃机被分解到单个零件，清洗、整修或更换后重新组装起来。这对我们而言无疑有很大的帮助。师傅们的水平都很高，按当时的规定：单独或领衔分解并组装汽油机的必须是四级工以上，对于柴油机则是五级工以上。师傅们都很热心，还帮我们分析内燃机可能出现的故障，如何诊断，如何排除。对机械的联动系统和底盘的大修，他们也都很拿手。各种型号的机械，国产、洋货一概全收，照样大修。（特殊的机械当然需要有技术规范说明。）这不能不说是一种本领，举一反三是从大量的经验中获得的。

厂里师傅热火朝天的干劲也感动了我们这些人，努力学习、努力干活是我们这些人当时唯一的想法。中国的政治风云却再次发生巨大的变化。1976 年学成回队时真有一点“不知有汉，何论魏晋”了。一场批邓反击右倾翻案风的运动正在全国兴起，各地恢复生产的势头，又一次遭到沉重的打击。1976 年 1 月周恩来逝世，2 月 2 日华国锋代总理，4 月 5 日发生了天安门事件，4

月7日中共中央撤销了邓小平的一切职务，保留党籍以观后效，“四人帮”又一次得逞，7月28日唐山地震，9月9日毛泽东逝世。

毛泽东追悼大会的实况，通过电视和广播电台传遍了全国所有城乡，汽笛长鸣，人们肃立默哀。悲痛的同时，全国人民也为今后中国的政治走势感到迷惑和担心。我们施工机械队也设立了灵堂，组织职工一起看电视。连续几天，大家看到的是：江青毫无悲哀之情的样子，张春桥冷漠死板缺乏表情的脸色，华国锋忠厚老实严肃而又带有几分悲伤的神情，叶剑英老态龙钟左右搀扶的病体，许世友面带愤怨，两眼直盯“四人帮”，连除帽鞠躬都慢了半拍……阵阵担忧笼罩着老百姓的心。10月中旬，上海流传着这样一个新闻：有一个老太太在上海一家热闹的小菜场一边行走一边高呼“打倒王张江姚!”没人敢上前询问，也没人敢上前阻拦。不久，正式的粉碎“四人帮”的文件传达下来：华国锋、叶剑英、汪东兴等一举粉碎“四人帮”，大快人心，全国人民一片欢腾。上海百万群众大游行，坚决拥护以华国锋同志为首的党中央，坚决打倒“四人帮”。“文化大革命”终于结束，中国政治走上了一个新阶段。

柒

1977年对广大知青，尤其对我来说，是幸运的一年。在这一年我的命运发生了根本的变化，从此走上了另一条轨迹。

自 1972 年“上调”到三航局之后，我自以为已学完了大学数学系和物理系的部分课程，开始选择一些感兴趣的专题作进一步的研究，并写成了一些论文。有《有限积分变换》、《最优“集中点”》、《Dirac 的 δ－函数和积分变换》、《第一类线性积分方程及其近似解》、《带有估计分布函数的优选理论》、《公共汽车的排队问题》、《二项分布流及其排队问题》、《Banach 空间上的压缩算子》、《最佳可辨码组》、《一个关于分组纠错码信息率的代数问题》、《环线上的最优集中点》、《修正动态模型的 Kalman 滤波——克服发散现象的一种方法》、《引力问题探索》、《时－空－质五维线性变换》等。我把这些文章向当时的数学、物理专业杂志投稿，除了其中一篇《二项分布流及其排队问题》外，均遭退稿。当时都是用挂号信寄出的，因此退稿的信也是挂号退回的。邮递员会在家门口大呼：“二号里郑祖康挂号信!”于是我急忙拿了图章下楼去领。时间一长，只要邮递员一呼，家里人都知道我的退稿又来了。弟妹们笑我是“老退”。这种投稿—退稿活动一直坚持到 1977 年，终于那篇《二项分布流及其排队问题》在中国科学院数学研究所主办的《应用数学学报》1977 年第 4 期上发表，还第一次拿到 30 元人民币的稿费。一家人——父亲、弟弟、妹妹、未婚妻一起到扬州饭店去大吃了一顿。面对丰盛的佳肴，大家吃得很高兴，30 元钱还有找头。现在想来，当时肉、蛋、粮都要票证，在食欲上比较容易满足；其次，30 元钱占本人月工资 36 元的比例为 83%，实在已是不小的数字了。

1977 年 8 月中共中央十一大召开，华国锋正式宣布“文化大革命”结束，邓小平官复原职并分管科教。不久，邓小平召集了 30 多位科学家、教授座谈讨论中国的教育问题。与会人士抑制不住心中的激动，情绪激昂地建议国务院对现行的“在工农兵中推荐上大学”的招生制度进行改革。邓小平当即拍板恢复中断了 11 年的高考，明确表示“今年就要下决心恢复从高中毕业生中直接招考学生，不要再搞群众推荐。从高中直接招生，我看可能是早出人才、早出成果的一个好办法”。在以后招生办法的拟定中，邓小平把“自愿报考，单位同意，统一考试，择优录取”中“单位同意”一条去掉。他说：“比如考生很好，要报考，队里不同意，或者领导脾气坏一些，不同意报考怎么办？我取四分之三，不要这一句。”他还说：“不管招多少大学生，一定要考试，考试不合格不能要，不管是谁的子女，就是大人物的也不能要，我算个大人物吧！我的子女考不及格也不能要，不能‘走后门’。”年底这场高考竟然有 570 万人参加，其中很大部分是上山下乡过的知识青年。这是一次改变人生的机会，也象征着中国新时期的来临。

差不多同时，又发生了另一件事，即将上任的复旦大学校长著名数学家苏步青在北京当面向邓小平要求恢复复旦大学数学研究所。苏老要求在全社会招收一批数学研究生，以充实新生力量，研究生将以老大学生为主，也包括社会上自学成才的年轻人。复旦大学数学研究所是苏步青、陈建功等著名数学家在

1956 年创建的，在国内颇有些影响。“文化大革命”一来，苏、陈作为“反动学术权威”被批斗关牛棚，研究人员被下放遣散到各处，数学研究所名存实亡。邓小平听了汇报，当即同意，开了“文革”后招收研究生的先河，而全国范围恢复研究生招生则是在 1978 年的夏天了。苏步青拿了邓小平的令箭，教育部一路绿灯放行，在各方面的努力下，1977 年 11 月初上海《文汇报》刊登了复旦大学数学研究所招收研究生的公告。这不是一个研究所、一所大学的事，而是全国高校、全国科研单位全面恢复研究生制度的信号，在社会上引起了强烈的反响。

对我而言，高考无疑是一个机会，因为是“文革”后首次招考，报考年龄放宽，66、67、68 届的高中、初中毕业生都可以报名。与应届生相比，我们这些人的优势是“文革”前接受的中学教育基本功扎实，生活阅历也相对丰富；不足的是年龄偏大，还有人已结婚生子，对今后的学习显然带来困难。后来的事实证明：在录取的大学生中，老三届占了相当的比例。他们读书认真刻苦，抓住了这个改变命运的宝贵机遇。不管是应届或历届应考入学的大学生，大学老师们的普遍评语是：“77、78 级的大学生是最优秀的，是十年精华的累积！”我的另一条路是直接去考复旦大学数学研究所的研究生，问题是没有大学本科的学历与文凭，自学了多少心里也没有底。复旦是名校，很可能不录取。再说复旦数学研究所的考试定在 11 月 21 日到 24 日，与 12 月中旬的全国高考时间相差只有半个月，复习了高考就不能复习考研，路子完全不同，两者只能选一，鱼与熊掌不能兼得。老杨极力主张我去考研，说念大学还得四年，毕业要34岁了，太慢了！只有考研才能迎头赶上，夺回过去已失去的时间。他认为我的知识基础和研究能力应该不会有问题。在他的鼓励下，我决心去考复旦大学数学研究所的研究生。为了证明我有同等学力，老杨发动了二处设计室的老大学生、工程师，帮我把以前的退稿誊抄一遍，选了十来篇作为我已有大学毕业水平的证明。记得当时的二处议论纷纷炸开了锅，大部分人认为我不会考上，高中生考研究生恐怕没有门；也有人说老杨瞎胡闹；我周围的一些老三届的朋友认为我值得一试；更多的人只当作新闻来传，沸沸扬扬传到局里；只有老杨认定我能考上。去复旦大学报名那天，我心里七上八下地排上了队，排在我前面的那位报名者，提了一大堆练习簿，他告诉报考官，说是他多年学习数学做的练习，又回答了一些问题。轮到我的时候，我递上了那篇《二项分布流及其排队问题》的录用证明和那些大学生、工程师帮我誊抄的论文，报考官只问了一句“是《应用数学学报》吗？”我回答说是，他就一挥手说“可以了”。意外简单地就报上了名，我当时一阵激动、欣喜，几天来的忧虑一扫而光。

剩下的是复习迎考。整个考试共分六场：政治、数学分析、高等代数、专业课（从微分几何、函数论、微分方程、抽象代数、概率统计中选一门，我选了概率统计）、外语和口试。老杨找来一位朋友——浦东沪东中学的吴士良校长，他是一个热血心肠、助人为乐的人，帮我弄来了各门考试必读的书籍，临考前老杨与施工机械队领导商量放了我半个月的假复习迎考。这段半个月的日子是我一生中过得最舒畅的日子之一。那时我正在准备结婚，新房装修到最后阶段，那个时代装修都是自己动手的，于是读书与装修相间进行，半天读书，半天装修。读书累了就装修，装修累了就读书。未婚妻也是被分配去崇明农场的上海知青，67届市一女中初中，去崇明前进农场时才17岁。1973年底“上调”回上海轻工业局修建公司。岳父是区人大代表，与我父亲是几十年的老朋友。父亲喜养花，家里两个10平方米的晒台搞得像一个小花圃，除了制作各种姿势的五针松，还有黄玫瑰、蓝玫瑰等珍贵品种的花卉。而岳父每次来我家，也总要欣赏一下我家的小花圃。1974年春节，父亲要弟弟陪我去岳父家送一盆花，第一次见到妻子，给我的感觉是漂亮美丽、文静娴雅，又有一些害羞的样子。她正在踏缝纫机，使我想起李清照的那首《点绛唇》。我们没有说什么话，岳母给我们相互介绍后，她又回里屋踏缝纫机去了。岳父不在家，岳母陪我们说了一会话，我们就告辞了。后来就约妻子出来，那个时期谈恋爱也缺乏地方，看电影、逛公园是主要项目。但电影就那么几个片子，上海的公园我们几乎都走遍了，还不止一遍，偶尔也上一次馆子，吃一顿五六元钱的饭，占了我工资的六分之一。印象深刻的是德大西餐馆的炸猪排，一元钱一客，两块比大饼还大的黄澄澄的拍了面包粉的猪排，配上薯条，对当时凭肉票吃肉的人也是一个挑战。另一次是国际饭店的奶油鸡丝蘑菇汤，七角钱一碗不含任何固体物质的清汤，但味道上好。我们有些疑惑，当时有肉有菜实打实的汤一般餐馆最多只卖两三角钱，回家后父亲告诉我这才是高档的西餐汤。岳母建议我们多回她家吃饭，说在外面吃又贵又不好吃。岳母烧得一手好菜，炖、焖、焐、蒸都有独到之处，功夫深湛，以致后来儿子老吵着要到外婆家去吃外婆烧的菜。现在想来，我当时是一个肯勤奋努力，有些想法，又有些自说自话的愣小子，妻子则是一个善良贤淑、随和的老实人。谈婚论嫁时她始终没有向我提出任何要求。在我装修布置新房的日子里，她来过一次，也没有发表过什么意见，只是给我送来一些东西。而我则在空旷的家具尚未进来的新房里，为她唱了一首歌，拉了一段小提琴。

考试对我来说是轻松的，倒不是基础好，相反的察觉出自学的诸多问题；而是所谓的竞争对手绝大部分是老大学生，他们的基础当然比我好，只是不少人睡了十年觉，我若输给他们也是理所应当，算是“虽败犹荣”。再说我还可以回到施工机械队修我的柴油机，高中生考不取研究生本来就是天经地义的，还可以等待下一次高考，更可以继续写我的所谓论文，因此思想上毫无负担。略微紧张的是最后一场口试，我从来没有经历过口试，也不知道考官们要问我什么问题。出乎意料的是三位考官和蔼可亲，让我瞬时间放松了神经，他们几乎没有提什么数学问题，只是问我自学的情况，其中有一位就是我后来的导师——著名的概率统计学家汪嘉冈教授。考完后我马不停蹄地置家具、布新房、迎嫁妆，三天后——11 月 27 日，在上海外滩的东海饭店摆了六桌进行了婚礼。亲戚们跟我打趣：“今日洞房花烛夜，明日金榜题名时。”考试的结果在次年的 2 月揭晓。1978 年 2 月 14 日的《文汇报》第 1 版上刊登了一则题为《复旦大学数学研究所录取十四名研究生》的报道，全文如下：

本报讯　复旦大学数学研究所从全国各地具有一定数学基础和研究才能的优秀青年中选拔研究生，经过考试，第一批已录取了十四人。

去年八月，复旦大学数学研究所苏步青教授主动向领导提出招收研究生的建议，并向教育部写了报告，推荐了一部分优秀青年作为研究生的招考对象。他的建议和报告立即得到了教育部的批准。此后，各地有志于研究数学的青年踊跃报考，人数达一百五十七名。由于时间仓促，考试分两批进行，第一批六十四名于去年十一月下旬参加了考试。

这次被录取的十四名研究生，都具有较好的数学基础和研究能力。黑龙江省的知识青年高志勇从小喜欢数学。一九七三年初中毕业后，他在农村接受贫下中农再教育的同时，坚持自学了高中和大学的数学课程。在这次考试中他的成绩很好，专业课成绩名列第三。已被录取的另一名研究生郑祖康是交通部上海第三航务工程局第二工程处施工机械队的修理工人。近两年来，他利用业余时间帮助某个单位用数理统计的方法，初步解决了一个科研项目的曲线研究问题，达到国际水平，受到了国家有关领导机关的重视。去年十二月，他在我国的一家数学学报上发表了一篇数学论文，这次考试成绩也名列前茅。

我的人生轨迹也从此发生了变化，以后在著名数学家谷超豪院士和汪嘉冈教授的推荐下，1980 年又去了美国哥伦比亚大学攻读博士学位。哥伦比亚大学的大牌教授 Y. S. Chow（周元燊）向哥大校方作了担保承诺，把我这个没有大学本科文凭的人（还有一位只有某煤矿学院文凭的同学）送进了哥大的数理统计系深造。我后来师从著名的统计学家 T. L. Lai（黎子良）教授。1984 年我获得了博士学位。事实上 1977 年以后发生的事是当年想都没有想到的，或者说连做梦都没有做到的。

以上是我三十年的经历，是一个真实的故事。冒昧写成了这本《希望、努力与机会》，愿这本小书让同时代的朋友们回味我们的青春，也希望对青年朋友们的发展有小小的帮助。

2009 年 12 月初稿于复旦大学

附：作者简介

郑祖康，男，汉族，1947 年 7 月出生，复旦大学教授、博士生导师。

1966 年上海市东风中学高中毕业。1968 年 8 月上山下乡去崇明县长征农场务农。1972 年调回交通部第三航务工程局第二工程处（上海）做工。

1977 年底考取复旦大学数学研究所硕士研究生，这是“文化大革命”后我国第一次招收研究生。1980 年公派去美国哥伦比亚大学留学，1984 年获博士学位。回国后在复旦大学统计运筹系任讲师，1986 年破格晋升为副教授，1988 年破格晋升为教授。曾任复旦大学统计运筹系副系主任、系主任，复旦大学管理学院副院长、常务副院长、院长，复旦大学副校长。

1989 年被评为上海市劳动模范，1991 年被国家教委与人事部评为“在祖国社会主义现代化建设中作出突出贡献的回国留学人员”。同年，中华全国总工会授予“五一”劳动奖章。曾任教育部高校数学教学指导委员会副主任、统计学分教学指导委员会主任、MBA 教学指导委员会副主任。曾任全国概率统计学会副理事长、中国工程概率统计学会副理事长、中国统计教育学会副会长等。现任中国人民政治协商会议第十一届全国委员会常务委员，九三学社中央常委、上海市委副主委，上海市人民政府参事室参事、主任。